（CIP）数据

：论语 / 宋淑萍著. -- 北京 ： 九州

108-5636-5

I. ①宋… III. ①儒家 IV. ①B222.21

馆CIP数据核字(2017)第173868号

语

版社
西城区阜外大街甲 35 号（100037）
68992190/3/5/6
iuzhoupress.com
ou@jiuzhoupress.com
通印刷股份有限公司
米 ×1092 毫米　32 开

字
年 11 月第 1 版
年 11 月第 1 次印刷
978-7-5108-5636-5
元

九州出版社
JIUZHOUPRESS

图书在版编目

中国人的圣书
出版社，2017.7
ISBN 978-7-

Ⅰ．①中…

中国版本图书

中国人的圣书：

作　　者　宋淑
责任编辑　李黎
出版发行　九州
地　　址　北京
发行电话　(010)
网　　址　www.
电子信箱　jiuz
印　　刷　北京
开　　本　787
印　　张　8.5
字　　数　170
版　　次　2017
印　　次　2017
书　　号　ISBN
定　　价　48.0

【总序】

用经典滋养灵魂

龚鹏程

每个民族都有它自己的经典。经，指其所载之内容足以做为后世的纲维；典，谓其可为典范。因此它常被视为一切知识、价值观、世界观的依据或来源。早期只典守在神巫和大僚手上，后来则成为该民族累世传习、讽诵不辍的基本典籍。或称核心典籍，甚至是“圣书”。

佛经、圣经、古兰经等都是如此，中国也不例外。文化总体上的经典是六经：《诗》、《书》、《礼》、《乐》、《易》、《春秋》。依此而发展出来的各个学门或学派，另有其专业上的经典，如墨家有其《墨经》。老子后学也将其书视为经，战国时便开始有人替它作传、作解。兵家则有其《武经七书》。算家亦有《周髀算经》等所谓《算经十书》。流衍所及，竟至喝酒有《酒经》，饮茶有《茶经》，下棋有《弈经》，相鹤相马相牛亦皆有经。此类支流稗末，固然不能与六经相比肩，但它各自代表了在它那一个领域中的核心知识地位，却是很显然的。

我国历代教育和社会文化，就是以六经为基础来发展的。直到清末废科举、立学堂以后才产生剧变。但当时新设的学堂虽仿洋制，却仍保留了读经课程，以示根本未隳。辛亥革命后，蔡元培担任教育总长才开始废除读经。接着，他主持北京大学时出现的“新文化运动”更进一步发起对传统文化的攻击。趋势竟由废弃文言，提倡白话文学，一直走到深入的反传统中去。论调越来越激烈，行动越来越鲁莽。

台湾的教育、政治发展和社会文化意识，其实也一直以延续五四精神自居，以自由、民主、科学为号召。故其反传统气氛，及其体现于教育结构中者，与当时大陆不过程度略异而已，仅是社会中还遗存着若干传统社会的礼俗及观念罢了。后来，台湾朝野才惕然憬醒，开始提倡“文化复兴运动”，在学校课程中增加了经典的内容。但不叫读经，乃是摘选《四书》为《中国文化基本教材》，以为补充。另成立文化复兴委员会，开始做经典的白话注释，向社会推广。

文化复兴运动之功过，诚乎难言，此处也不必细说，总之是虽调整了西化的方向及反传统的势能，但对社会普遍民众的文化意识，还没能起到警醒的作用；了解传统、阅读经典，也还没成为风气或行动。

二十世纪七十年代后期，高信疆、柯元馨夫妇接掌了当时台湾第一大报中国时报的副刊与出版社编务，针对这个现象，遂策划了《中国历代经典宝库》这一大套书。精选影响国人最为深远的典籍，包括了六经及诸子、文艺各领域的经典，遍邀名家为之疏解，并附录原文以供参照，一时朝野震动，风气丕变。

其所以震动社会，原因一是典籍选得精切。不蔓不枝，能体现传统文化的基本匡廓。二是体例确实。经典篇幅广狭不一、深浅悬隔，如《资治通鉴》那么庞大，《尚书》那么深奥，它们跟小说戏曲是截然不同的。如何在一套书里，用类似的体例来处理，很可以看出编辑人的功力。三是作者群涵盖了几乎全台湾的学术菁英，群策群力，全面动员。这也是过去所没有的。四，编审严格。大部丛书，作者庞杂，集稿统稿就十分重要，否则便会出现良莠不齐之现象。这套书虽广征名家撰作，但在审定正讹、统一文字风格方面，确乎花了极大气力。再加上撰稿人都把这套书当成是写给自己子弟看的传家宝，写得特别矜慎，成绩当然非其他的书所能比。五，当时高信疆夫妇利用报社传播之便，将出版与报纸媒体做了最好、最彻底的结合，使得这套书成了家喻户晓、众所翘盼的文化甘霖，人人都想一沾法雨。六，当时出版采用豪华的小牛皮烫金装帧，精美大方，辅以雕花木柜。虽所费不赀，却是经济刚刚腾飞时一个中产家庭最好的文化陈设，书香家庭的想象，由此开始落实。许多家庭乃因买进这套书，而仿佛种下了诗礼传家的根。

高先生综理编务，辅佐实际的是周安托兄。两君都是诗人，且侠情肝胆照人。中华文化复起、国魂再振、民气方舒，则是他们的理想，因此编这套书，似乎就是一场织梦之旅，号称传承经典，实则意拟宏开未来。

我很幸运，也曾参与到这一场歌唱青春的行列中，去贡献微末。先是与林明峪共同参与黄庆萱老师改写《西游记》的工作，继而再协助安托统稿，推敲是非、斟酌文辞。对整套书说不上有什么助益，自己倒是收获良多。

书成之后，好评如潮，数十年来一再改版翻印，直到现在。经典常读常新，当时对经典的现代解读目前也仍未过时，依旧在散光发热，滋养民族新一代的灵魂。只不过光阴毕竟可畏，安托与信疆俱已逝去，来不及看到他们播下的种子继续发芽生长了。

当年参与这套书的人很多，我仅是其中一员小将。聊述战场，回思天宝，所见不过如此，其实说不清楚它的实况。但这个小侧写，或许有助于今日阅读这套书的大陆青年理解该书的价值与出版经纬，是为序。

【导读】

中国人的圣书

宋淑萍

岁月不居、三十之年，忽焉已过！《中国人的圣书——论语》初版时，作者三十多梦、踏入杏坛未久；如今再把书校读一遍，作者虽退而未休（仍在台大开课），却已是六十好几、白发渐多之人！时间，往前看，一个礼拜，七天！往回望，三十年，忽忽——像火车飞驰，景物一一被丢在了往后。

三十年，童稚成中年，壮健或已逝。人生沧桑、世事多变；但有些价值永远存在。经济不景气、金融起风暴，在严峻的环境下，重拾古籍，从中寻找生存与教育方法的日本人日渐增多。《论语》，让日本人找到了避风港。金融风暴让人们的价值观受到严重冲击，失去方向的日本人该如何重新定位、如何东山再起，每个人都很茫然，《论语》提供了令人安心的指导方向。日本市面上出现许多有关《论语》的书籍，包括《孩童们的论语》、《让高中生感动的论语》、《让孩童们朗读的论语百章》、《漫画的论语入门》等，各种《论语》书成了畅销书，在不景气时百业萧条，《论语》相关书却卖得特别好，《论语》不只是“中国人的圣书”，也是救世的圣经。

时报文化出版公司于一九八一年三月十日出版《中国历代经典宝库》青少年版四十五种，嘉惠学子及社会大众，于文化传承贡献极大。大陆曾有出版人来电：平生所读第一部古书，即《经典宝库》之山寨版《论语》，可见其影响面之宽广。

一位自小贫贱、年幼失怙的人，如何成为万世师表、千古圣人？《孔子——仰之弥高、钻之弥坚》，从《论语》中多所取材，仔细阐述了。三十年后，再读原文，感觉还有些看法想借此表达。

孔子的人格特质是很特别的，这种特质成就了一代圣师。先看《论语·子罕》：

子曰：“麻冕，礼也；今也纯，俭：吾从众。拜下，礼也；今拜乎上，泰也：虽违众，吾从下。”

麻冕虽是合于礼的，但“细密难成，不如用丝之省约”。（集注）孔子从经济层面考虑，很理性地从众。但“臣与君行礼，当拜于堂下，君辞之，乃升成拜。”拜乎上，骄慢，孔子坚持依礼拜于堂下。程子曰：“君子处世，事之无害于义者，从俗可也。害于义，则不可从也。”（集注）孔子对事从不从俗，都有所坚持、都秉持义理，这是一种理性考虑。

颜回是孔子最中意的学生，颜回死，子曰：“天丧予！”子哭之恸。颜回父颜路请求孔子卖了车为颜回买椁，孔子没有答应，门人厚葬颜回，孔子不以为然。从颜回之死，孔子的极度反应可见孔子感性却也理性的态度。

子路是只比孔子小九岁的门徒；性本强悍、好勇，“冠雄鸡，佩豭豚。”（《史记·仲尼弟子列传》）奇装异服，陵暴孔子，经孔子诱导，“儒服委质”穿上正经的衣服，送上见面礼，请求入门为弟子，从此，成为孔子最有力的护卫。在卫国为“卫大夫孔悝之邑宰”，卫国政变，因为“食其食者，不避其难”，而奔赴国难；虽被攻击，击断了帽带，却认为：“君子死而冠不免。”因为要“结缨”——系好帽带，而被杀。孔子听到卫国发生变乱，“嗟乎！由，死矣！”孔子是深深了解子路的个性的。孔子在中庭哭子路，从卫国来吊唁的人说：子路被“醢”（斩成肉酱），孔子叫人“覆醢”。

子路虽由于个性关系，常和孔子唱反调，子路曰：“卫君待子而为政，子将奚先？”子曰：“必也正名乎！”子路曰：“子之迂也，奚其正？”子曰：“野哉！由也……”（《子路》）子路是够“野”的，但孔子也赞许子由“衣敝缊袍与衣狐貉者立，而不耻者，其由也与！”（《子罕》）贫穷并不可耻，但以贫穷自惭、自卑，子路没有这个毛病！子疾病（疾甚为病）。子路使门人为臣（子路分派门人治丧。——古代“人，病甚”，就开始治理后事了），病间（病缓解了），孔子说：“久矣哉！由之行诈也！”子路爱老师的心意，孔子自是心领的，但“无臣而为有臣”是“欺天”，孔子深不以为然。

从“侍坐”章，子路“率尔”而对，子路率性冲前的个性跃然纸上，对这样一个横冲直撞、性格毕现，全无半点遮掩的徒弟，孔子以爱、以宽容、以感性包容，却时时以理性、严肃的态度导正之。

日出、日落，花开、花谢。天地出入、人生去来。在循环的过程中，平衡成为准则；否则跛而难行、颠而簸之。孔子理性又感性，所表现的气象雍雍穆穆、万方则之。子路受教孔子前“性鄙、好勇力、志伉直”，有类今日好奇逞狠、无聊无赖的青少年。受孔子教化，那个像今日头顶朋克、浑身重金属配饰，见人稍觉不顺眼，就怒目以对甚至横加陵暴、殴辱人的子路，改头换面，完全被孔子收服了！但到底本性难移，抢话、呛老师，“率尔”的本性不改。卫国政变，“子路在外”，他可以不“受其祸”！可是子路以为领受薪水，就不能不负政治责任。因为有使者入城，城门开了，子路随而入！子路不是入城，是入了鬼门关！有人攻击子路，击断了子路之缨，因为“君子死而冠不免”，为了结系帽带而丢了命！国家有难，“满朝文武尽皆逃”！子路不在事发现场，本可逃过一劫。可是他偏往生命关卡的窄缝钻，“性格决定命运”，此之谓也。

我们也许会想：“如果”子路没有被孔子“设礼、稍诱”，子路也许就不会枉死，但“性鄙、好勇力、志伉直（刚直）”的人，最后际遇，亦未可逆料！而钟鸣鼎食、山林放形，各有天性、个人适意；不可相强！不可强！但有一点可以确定：子路一生如果没有遇到孔子，一生好勇斗狠，生命竹下落，不过是叶之陨——也许会发出一点飘落的声响，但终归于沉寂。而因为入了孔门，子路的生命展现辉光的一面，给后人带来无限震撼、一丝轻喟。“燃烧的木头一面喷射着火焰，一面喊道：‘这是我的花，这是我的死。’”（泰戈尔诗集《飞鸟集》）子路的血，绽放了孔子生命的价值——教育的价值。子路的存在是一个永恒的奇异，那就是生命。

编撰弁言

一、本书所用的经文大体以朱熹《论语集注》本为主，而校以邢疏本、皇疏本、正平本以及释文本。

二、所引经文都加附注。所引注释包括朱注（朱熹《论语集注》）、集解（何晏等《论语集解》。集解中原有姓氏的，标原氏，如“包曰”“郑曰”“王曰”“孔曰”等是；这些标记上，不再加“集解”二字。如原为何晏等所自注，则引文上标“集解”）、皇疏（皇侃《论语义疏》）、邢疏（邢昺《论语注疏解经》）、刘疏（刘宝楠、刘恭冕父子《论语正义》）等。其余引文，则标明书名或著者姓名，或同时并举。如引《礼记》后引郑玄的《礼记注》，则只标“郑注”；引《说文解字》后引段玉裁的《说文解字注》，则只标“段注”。余类推。如加“按”，则是作者按语。

三、所引经文大部都附翻译。翻译中加［　］以完足语意。

四、论述分段叙述。

目　录

第一章

孔子——仰之弥高、钻之弥坚

叶公问孔子于子路，子路不对。子曰："女奚不曰：其为人也，发愤忘食，乐以忘忧，不知老之将至云尔。"

——《论语·述而》

孔子（周灵王二十一年—周敬王四十一年，公元前551—前479）鲁人（山东曲阜），父叔梁纥、母颜徵在[①]。孔子年幼时就没了父亲[②]，孔子自己说“吾少也贱”[③]，这话多少因他年幼失怙而出。孔子虽然出身贫贱，但他并不因此而自暴自弃；相反，他的好学使自己挺立于天地之间，成为一位人人景仰的圣人。这种不向命运屈服、自立自强的精神，实在令人敬服。孔子名丘，字仲尼[④]，古代对人尊称“子”，所以称孔子。我们试从《论语》来看孔子：

一

子曰：“十室之邑[⑤]，必有忠信如丘者焉，不如丘之好学也。”（《公冶长》）

孔子说：“就算是一个很小的地方，也必有生来像我一样忠信的人，[如果他不及我，那是因为] 他不像我那么好学。”

子曰："德之不修，学之不讲，闻义不能徙，不善不能改，是吾忧也。"⑥（《述而》）

孔子说："德行不能修明，学问不能讲习，听到好的道理不能好好去做，有过不能改，这都是我最担忧的。"

叶公问孔子于子路，子路不对。子曰："女奚不曰：其为人也，发愤忘食，乐以忘忧，不知老之将至云尔！"⑦（《述而》）

叶公向子路问起孔子，子路没有回答。孔子对子路说："你何不对他说：他的为人，发愤向学几乎忘食，乐于学道忘记烦忧，[他沉醉在这一切中，以至] 不知岁月悠悠、老之将至！"

子曰："若圣与仁，则吾岂敢。抑为之不厌，诲人不倦，则可谓云尔已矣。"公西华曰："正唯弟子不能学也。"⑧（《述而》）

孔子说："说到仁、圣，那我怎么敢当。我不过是学不厌，教不倦，只是如此罢了。"公西华说，"这正是弟子学不来的。"

子曰："莫我知也夫！"子贡曰："何为其莫知子也？"子曰："不怨天，不尤人，下学而上达，知我者其天乎！"⑨（《宪问》）

孔子说："没人了解我！"子贡说："为什么没人了解老师呢？"孔子说："我不怨天，不怪人，我讲求很普通的道理、事物，却能从这些普通的道理、事物中体会很高的境界。了解我的恐怕只有老天爷吧！"

一个人要提高自己的人生境界、改善为人处世的态度，学，是唯一的途径。孔子一生重视学——无论是他个人方面的学习还是帮助有心向学的人——对这种态度的坚持，是后人崇敬孔子最重要的理由。孔子一生以教、学为职志，但是他从不自满自夸，这种自我鞭策的精神，正是一个人学不厌、教不倦的原动力。

子曰："默而识[10]之，学而不厌，诲人不倦，何有于我哉！"(《述而》)

孔子说："默记所听见看见的，好学不厌，诲人不倦，这些事情对我来说有什么困难的呢！"

子曰："吾有知乎哉？无知也。有鄙夫问于我，空空如也，我叩其两端而竭焉。"[11](《子罕》)

孔子说："我无所不知吗？并不是的。一个朴实的人向我请教，诚恳极了，我从两端反问他而竭尽所能地告诉他。"

《述而》篇另外载有孔子的话："多闻，择其善者而从之；多见而识之，知之次也。"孔子虽不是生而知之，但笃志向学、努力不懈，开科授徒、有教无类。记诵之学，本不是圣的极致，孔子都不敢当，真是谦而又谦了。

所谓"有容乃大"，江海能受百川水，是因为江海处卑下，谦卑是学而有成的重要因素。下面记载在《述而》篇的故事，可以让我们体会孔子接受批评的雅量、认过改过的态度：

陈国的司败（《左传·文公十年》杜注："陈楚名司寇为司败。"）有一回问孔子："鲁昭公知礼吗？"孔子说："知礼。"孔子退下后，陈司败对孔子的弟子巫马期作了一揖，并且很不以为然地说："我听说君子不党，君子也有私心吗？依礼，同姓是不婚的。鲁国国君从吴国迎娶一位女子，鲁国和吴国都是姬姓的，同姓通婚，这是违犯礼的，为了隐讳这违礼的行为，只好称这位女子为'吴孟子'。如果鲁昭公都可以算是知礼，那谁不知礼！"巫马期把陈司败的话一一转告了孔子。孔子并不恼怒，相反地，他说："我真幸运，如果我犯了过失，一定有人看得出来。"

① 孔子父叔梁纥、母颜氏，乃是根据《史记·孔子世家》的记载。《礼记·檀弓下》："夫子之母名徵在。"

② 《孔子家语》："生三岁而梁纥死。"而《史记·孔子世家》

只说“丘生而叔梁纥死”，没说何年，大概都是说孔子年幼时失去父亲。

③ 《论语·子罕》：大宰问于子贡曰：“夫子圣者与？何其多能也！”子贡曰：“固天纵之将圣，又多能也。”子闻之，曰：“大宰知我者乎！吾少也贱，故多能鄙事。君子多乎哉？不多也！”包注：“我少小贫贱，常自执事，故多能为鄙人之事。”

④ 《史记·孔子世家》：“祷于尼丘得孔子。”又说：“生而首上圩顶，故因名曰丘云，字仲尼姓孔氏。”

⑤ 朱注：“十室，小邑也。”

⑥ 邢疏：此章言孔子忧在修身也。德在修行，学须讲习，闻义事当徙意从之，有不善当追悔改之。夫子常以此四者为忧，忧己恐有不修、不讲、不徙、不改之事，故云是吾忧也。

⑦ 叶，地名，音 shè。孔曰：“叶公，名诸梁，楚大夫也。食采于叶，僭称公。”奚，何也。刘疏：“发愤忘食者，谓好学不倦，几忘食也。乐以忘忧者，谓乐道不忧贫也。”

⑧ 抑，语助词。皇疏：为，犹学也。为之不厌，谓虽不敢云自有仁圣，而学仁圣之道不厌也。

⑨ 莫我知也夫，夫，音 fú，句末语助词。马曰：孔子不用于世，而不怨天；人不知己，亦不尤人。孔曰：下学人事，上知天命。

⑩ 识，zhì，记也。

⑪ 《庄子·胠箧》：“焚符破玺，而民朴鄙。”朴鄙，是同义

复词。朴，通“樸”。所以译“鄙”为朴实。空空如，是空空然的意思。刘疏《释文》：“空空，郑或作‘悾悾’。郑彼注云，‘悾悾，诚悫也。’此鄙夫来问夫子，其意甚诚恳，故曰‘空空如’。叩者，反问之也。因鄙夫力不能问，故反问而详告之也。”朱注：“两端，犹言两头。”

二

子曰：“贫而无怨，难；富而无骄，易。”①（《宪问》）

孔子说：“一个人贫困却不怨，很难；富贵而不骄纵，比较容易。”

子曰：“富而②可求也，虽执鞭之士，吾亦为之；如不可求，从吾所好。”（《述而》）

孔子说：“富贵如果是可以求得来的，那即便是执鞭赶车的贱差，我也做；如果是求不来的，那还是依我所好。”

子曰：“饭疏食饮水，曲肱而枕之，乐亦在其中矣。不义而富且贵，于我如浮云。”③（《述而》）

孔子说：“吃粗食、喝白水，手臂一弯就是枕头，[生活虽然清苦，但是] 乐趣也就在其中了。不应当得的荣华富贵，对我来说就像天上的浮云一样。[那不是我所关心的。]”

前面我们提过孔子出身贫贱，一个人少年时代忍受贫苦的生活，其中苦况自然是记忆深刻的——少年时代生活较单纯，所以所经历的事物每每印象深刻；年纪大了，生活圈子大了，生活复杂了，可记得的反倒少了，不是吗？所以对孔子来说什么是生活？什么是贫贱？他是亲身经受过的，他深深了解一个人贫贱而不怨天尤人，要经过多少心理的挣扎，才能战胜环境、战胜自己，而淡然处贫贱。这可能就是孔子在那么多弟子中特别赞赏颜渊的原因吧！

一个贫困的人，自然希望脱离贫困——谁不希望富贵！但是孔子他还考虑到“义”——正当与否的问题。如果是可求的富贵，即便为贱役也可求，孔子绝不认为一个人非守贫不可，他绝不这么执着！事实上《泰伯》篇中记着，孔子说：“邦有道，贫且贱焉，耻也。”国家有道，就当用世，如果落得个贫贱不堪，是可耻的！如果正当的方法不能求得富贵，比如说国家无道，就当安贫乐道，从己所好。《吕氏春秋·慎人》说得好：“古之得道者，穷亦乐，达亦乐。所乐非穷达也；道得于此则穷达一也，为寒暑、风雨之序矣。”这里的“为”是“若”、“好像”的意思。

一个人能从其所好，穷达已经是次要问题了，人生有穷达，就好比自然有寒暑、风雨一样，一切都是自自然然的，我们也当坦然接受。拿爱迪生来说，别人的嘲笑对爱迪生并无意义，也不能构成烦恼或使他萌生退意，因为研究、发明是他所好的，是他的兴趣所在。

① 朱注："处贫难，处富易，人之常情；然人当勉其难，而不可忽其易也。"

② 这里的"而"是"若"的意思。朱注："设言富若可求，则虽身为贱役以求之，亦所不辞，然有命焉，非求之可得也，则安于义理而已矣。"

③《说文》："饭，食也。"段注："食也者，谓食之也。此饭之本义也。引申之所食为饭。今人于本义读上声，于引申之义读去声。"这里的"饭"是动词，是"吃"的意思，读 fàn。《诗·大雅·召旻》："彼疏斯粺。"笺："疏，麤也，谓粝米也。"麤，就是"粗"。食，音 sì;《周礼·地官·廪人》："治其粮与其食。"注："谓米也。"疏食，就是粗米。《说文》："厷，臂上也。厶，古文厷。肱，左，或从肉。臂，手上也。"现在我们通用"肱"字，不用厷和厶；而肱和臂也常混言通称。所以孔注："肱，臂也。"

三

季文子三思而后行[1]。子闻之曰："再，斯可矣。"（《公冶长》）

季文子凡事再三思考然后才去做。孔子听了说："多想一次，也就够了。"

子之武城，闻弦歌之声，夫子莞尔而笑曰："割鸡焉用牛刀！"子游对曰："昔者偃也闻诸夫子曰：君子学道则爱人，小人学道则易使也。"子曰："二三子，偃之言是也。前言戏之耳。"[2]（《阳货》）

孔子到了武城，听到琴瑟吟诵之声，就微笑着说："杀鸡哪用得着牛刀！"子游回答说："从前偃听老师说过，在上位的学道就知道爱人，老百姓懂得了道理就比较容易治理。"孔子说："各位，偃的话没错，刚才的话是开玩笑的。"

子曰："道不行，乘桴浮于海，从我者其由与！"子路闻之喜。子曰："由也好勇过我，无所取材。"[3]（《公冶长》）

孔子说："我所主张的仁道不能实践，不如乘了竹木筏到江海寄余生吧，能够跟我去的恐怕就是仲由了吧！"子路听了，满心欢喜。孔子说："由呀，你倒是比我有勇气，不过上哪儿找竹木编的筏子呢！"

子曰："衣敝缊袍与衣狐貉者立，而不耻者，其由也与。不忮不求，何用不臧！"子路终身诵之。子曰："是道也，何足以'臧'。"④（《子罕》）

孔子说："穿了破袍子和穿着狐貉皮袍的人站在一起，而不觉得难为情的，恐怕只有仲由吧！［那正是《诗经》里说的：］不忮不求，何用不臧！"于是，子路整天念这两句诗。孔子说："这两句诗值得整天念吗？"

"唐棣之华，偏其反而。岂不尔思？室是远而。"子曰："未之思也夫！何远之有！"⑤（《子罕》）

"唐棣花呀！翩然摇晃。哪里是不想你，只因为两地相隔太遥远。"孔子听了说："还是不想吧，［如果真有心，］哪还有什么远不远的！"

原壤夷俟。子曰："幼而不孙弟，长而无述焉，老而不死，是为贼。"以杖叩其胫。⑥（《宪问》）

原壤蹲着等孔子。孔子说："年轻的时候不恭逊，年纪大了无可称述的，到老了还白吃饭，真是祸害。"用杖敲了敲他的小腿。

孔子是古今公认的圣人，由于他是圣人，我们不但把他圣化了，甚至把他神化了，他俨然是不可犯的，他的话都是圣旨，玩笑不得！可是老夫子明明说"前言戏之耳"！

孔子看见子游以礼乐施教于武城百姓，并且成绩卓然，能不衷心欢悦吗！于是他微笑着开了个玩笑。

"季文子三思而后行"的话，可能是季孙自说或时人称季孙的话。"三思"应该和"慎思"一样，未必一定是三。孔子这批评，也是一时兴起，跟门人说句戏言罢了。孔子何必计较那一思呢！多思少思，实在要因事而异；事有需千思百思的，亦有一思便可的！

孔子偶然随便一句话，就使子路"喜"，这一个"喜"字，不知包含了多少兴奋雀跃，孔子看在眼里，又不便责备，只好幽他一默了！

子路整天口中喃喃"不忮不求，何用不臧！"有人整天念"岂不尔思，室是远而。"孔子听得腻了，也只好用幽默话堵堵他们的嘴！

跟原壤是老交情了，可是他那么没礼数，不成话，这蹲着等人成何体统，敲敲小腿，"老没长进！"

从这里我们不得不佩服《论语》的高度写作技巧，真是呼之欲出、栩栩如生！当然我们更欣赏孔子的高度幽默感——不温不火、恰到好处。

① 郑曰："季文子，鲁大夫季孙行父也。文，谥也（是他的谥号）。文子忠而有贤行，其举事寡过，不必及三思也。"

② 朱注："弦，琴瑟也。时子游为武城宰，以礼乐为教，故邑人皆弦歌也。"莞，音 wǎn。朱注："莞尔，小笑貌。盖喜之也。因言其治小邑，何必用此大道也。"偃，言偃，字子游，孔子弟子；弟子在老师前，自称名，老师亦直呼其名。

③ 朱注："桴，筏也。"郑曰："子路信夫子欲行，故言好勇过我也。无所取材者，言无所取桴材也。以子路不解微言，故戏之耳。"

④ 衣，音 yì，动词，是穿的意思。敝，坏也。缊，音 yùn，本指乱麻。朱注："袍：衣有著者也。"缊袍，是絮了乱麻的袍子，是"衣之贱者"。狐貉，是皮裘，是"衣之贵者"。忮，音 zhì；"不忮不求，何用不臧"见《诗经·邶风·雄雉》。朱注："忮，害也。求，贪也。臧，善也。言能不忮不求，则何为不善乎。孔子引之，以美子路也。""是道也，何足以'臧'！"是孔子对子路的一句戏言。孔子听子路常诵这两句诗，所以对他讲这句戏言。这个"臧"字，是没有意义的。因为子路所诵的诗末字为"臧"，所以孔子就用这个"臧"字以代表子路喃喃的声音。（毛子水先生说）

⑤ 华，古"花"字，经典里"花"常写作"华"。朱注：

“唐棣，郁李也。偏，《晋书》作‘翩’。然则反亦当与‘翻’同；言华之摇动也。而，语助也。此逸诗也。”黄式三《论语后案》：“何解以此连上为一章；北宋诸儒多从之。苏子瞻以诗为思贤不得之辞，别分一章。”朱子集注把本章和上章“子曰：可与共学，未可与适道；可与适道，未可与立；可与立，未可与权”分为两章；较妥。“未之思也夫！何远之有！”这是孔子对弟子的戏言。当然，这也是孔子对逸诗“岂不尔思？室是远而”的评论。这个“尔”是指的什么？苏东坡认为逸诗是表现思贤不得的，那么“尔”自然指的是“贤”，这种讲法自然发人深省。

⑥ 原壤，孔子的故旧。夷，蹲踞也。俟，待也。述，犹称也。贼，害也。胫，音 jìng，脚胫，自膝盖到脚跟的部分。

四

子路宿于石门。晨门曰：“奚自？”子路曰：“自孔氏。”曰：“是知其不可而为之者与？”① (《宪问》)

子路在石门过了一夜。管城门的问道：“你从哪儿来的？”子路说：“从孔家。”管城门的说：“就是那位明知不可为却还要去做的先生吗？”

子曰："朝闻道，夕死可矣！"[②]（《里仁》）

孔子说："如果能够看到天下太平，就是马上死也甘心。"

子曰："甚矣，吾衰也！久矣，吾不复梦见周公！"[③]（《述而》）

孔子说："我真是衰老得厉害呀！好久了，我没再梦见周公！"

子曰："凤鸟不至，河不出图，吾已矣夫。"[④]（《子罕》）

孔子说："凤鸟不来，河也不出图，我希望天下太平的心愿怕是完了！"

子贡曰："有美玉于斯，韫椟而藏诸？求善贾而沽诸？[⑤]"子曰："沽之哉！沽之哉！我待贾者也！"（《子罕》）

子贡说："在这里有一块美玉，是摆在柜子里藏起来？还是找个好价钱卖了？"孔子说："卖了它！卖了它！我在等着别人出好价钱！"

孔子所处的时代，是一个特别乱的时代，臣弑其君、子弑其父，巧言令色、越分僭礼；一个“大道之行也”的国家或世界的实现，是孔子所期盼的。

孔子在匡地遇到危难，他说：“文王死了以后，文化的传统不都在我身上吗？”(《子罕》)

这一种强烈的使命感，使孔子发了“朝闻道，夕死可矣”的感叹，而且由此更使我们领会到孔子忧世忧民的苦心！

“太平盛世”是孔子所念念的，文武盛世，自然亦是孔子所念念的，所以孔子自不能不常常想到周公，既常常想到，便会常常梦到。到了暮年，壮心未已，既是个“知其不可而为之”的人，对澄清天下的重担自然放不下，这真是任重道远，死而后已了。所以年纪大了，衰老了，但是还是不能忘怀于梦见周公。而孔子这一叹使我们领会孔子一生一世志在天下太平。

春秋战国的时候，可能已流行着凤鸟、河图是太平盛世的瑞兆的话了，孔子便随俗用以寄叹。从孔子的叹息中，我们可以了解到孔子生平最大的寄望就是天下太平；因为一心希望天下太平，所以成了一个“知其不可而为之”的人。

孔子既然希望天下太平，他个人自然就不会拒绝用世，事实上他周游各国，就是希望有机会施展抱负。所以孔子对子贡的问题，回答说：“沽之哉！沽之哉！”重复“沽之哉”，像在说：“卖！卖！”话急而意决，承一句缓语“我待贾者也”，透着一种风趣，也写出孔子济世的热切衷肠。

微生亩谓孔子曰："丘，何为是栖栖者与！无乃为佞乎？"孔子曰："非敢为佞也，疾固也！"⑥（《宪问》）

微生亩对孔子说："丘，为什么那么栖栖遑遑的，莫非是要逞口舌去讨好人家？"孔子说："我不敢逞口舌，我只是恨世人的固陋，想法要改变他们。"

陈成子弑简公。孔子沐浴而朝，告于哀公曰："陈恒弑其君，请讨之！"公曰："告夫三子！"孔子曰："以吾从大夫之后，不敢不告也；君曰：告夫三子者！"之三子告，不可。孔子曰："以吾从大夫之后，不敢不告也。"⑦（《宪问》）

陈成子杀了齐简公。孔子斋戒沐浴后郑重地上朝向鲁哀公报告说："陈恒杀了他的国君，请出兵讨伐他！"哀公说："你去告诉位高权重的三卿！"孔子［退朝后］说："因为忝为大夫，所以不敢不把这事报告君上；君上却说'去告诉位高权重的三卿'！"孔子到三卿家里去讲，三家都不赞成。孔子说："因为我忝为大夫，不敢不据实来告。"

卫灵公问陈于孔子。孔子对曰："俎豆之事，则尝闻之矣；军旅之事，未之学也。"明日遂行。⑧（《卫灵公》）

卫灵公向孔子问战阵征伐之事。孔子回答说：“礼仪方面的事情，我曾学过；战阵方面的事情，我没学过。”第二天便离开了卫国。

齐人归女乐，季桓子受之，三日不朝。孔子行。[9]（《微子》）

齐国送给鲁国一个女子歌舞团，季桓子接受了，结果他三天没上朝。孔子很失望，就离开了鲁国。

阳货欲见孔子，孔子不见。归孔子豚。孔子时其亡也而往拜之，遇诸涂。谓孔子曰：“来！予与尔言。”曰：“怀其宝而迷其邦，可谓仁乎？”曰：“不可”。“好从事而亟失时，可谓知乎？”曰：“不可”。“日月逝矣，岁不我与！”孔子曰：“诺，吾将仕矣！”[10]（《阳货》）

阳货想见孔子，孔子不见他。他送孔子一只小猪。孔子等他不在家的时候去拜谢他，却在路上遇上了。阳货对孔子说：“来！我同你说话。”接着说：“一个人藏着本事让他的国家乱下去，可说是仁吗？当然不可以！愿意出来做事却每每错失机会，可说是聪明吗？当然不可以！日子一天天过去了，岁月是不等人的！”孔子说：“是，我是要出来做事了！”

孔子一生以天下为己任，担负多么沉重！路途多么遥远！他甚至受到别人的挖苦——栖栖遑遑无乃为佞！但是孔子并没有向现实低头，他明知其不可而为之，为所当为：邻国发生了政变——臣子竟杀了国君！真是“人伦之大变，天理所不容。”【朱注语】孔子郑重其事地向国君报告，国君——一国之长，却不能主事，只说“告夫三子！”三家专政，越主僭上，虽未弑君，君却形同虚设。

在这种情况下，三家自然不可能同意讨伐弑君逆臣来自掌嘴脸，孔子对这种情势何尝不明白，但是他还是老老实实“之三子告”，孔子只是行所当行，至于事情行不通，则早在预料中了。

孔子对人虽然风趣、幽默，但是他对事却是顶认真、不妥协的：卫灵公既问阵，可见此君无心文德，只想近功，孔子就走——第二天就走，毫不迟疑。

鲁定公十年，孔子五十二岁，他由中都宰而司空，而大司寇。定公和齐景公在夹谷盟会，孔子以大司寇随行，齐本想侵袭鲁君，由于孔子镇定，以礼责备景公，才化险为夷。

定公十二年，孔子为了消弭三家的势力，改善三家专政的局面，派弟子仲由毁三桓城，收其甲兵，这就是后人所谓“堕三都”，这个计划如果成功，鲁国政局可以一清，可惜孟懿子抗命——孟懿子还曾向孔子问孝！说起来他还是孔子的学生！由于学生抗命，老夫子失败了。

如果（我们说“如果”是因为清人崔述对这事“存疑”）季

桓子曾受齐女乐，我们想孔子这时一定很伤心，因为事情失败在自己弟子手上，同时也会很灰心。女乐使“君臣相与观之，废朝礼三日”！【见孔安国注】虽然这里是父母国，虽然这里是扎根处，孔子还是走了。

“阳货欲见孔子，孔子不见。归孔子豚。”从这个记载可以想象阳货的嘴脸——他以为妙计得逞，不想孔夫子以其道治其身，你怎么来我怎么去——时其亡而往拜之！可是“遇诸途”，真是狭道相逢，躲他不过！

这一声“来！”不知透着多少得意、兴奋。看吧！那阳货自拉自唱、自问自答，都是道理，还真驳他不倒，大摆请君入瓮的姿态，可没想到孔夫子不过虚与委蛇，漫应一句，也就过去了。阳货兴奋雀跃、口沫横飞，满嘴大道理，孔子却意态悠闲、好整以暇，只是一句话，前后对照，令人忍俊不禁。但一细想，孔夫子对阳货一流人也得应付，真真是无可奈何！

① 郑注:“石门，鲁城外门也。晨门，主晨夜开闭也。”朱注:“盖贤人，隐于抱关者也。”朱子认为这个守城门的人，是一位贤能的隐者。朱子的这个看法自然是从下面晨门“知其不可而为之”不俗的谈吐而来的。实在说来，《论语》所以录这章，恐怕也是为了这句话吧！

② 集解:“言将至死不闻世之有道也。”这个解释最合经意！《雍也》篇“鲁一变，至于道”，《里仁》篇“士志于道”，

还有《微子》篇“天下有道”的“道”，都以这个讲法为合。这些“道”字，和“吾道一以贯之”、“古之道也”的“道”，意义完全不同！自汉以来，除二三学者外，注释《论语》的人，都把孔子“朝闻道”的话讲错了。《汉书·夏侯胜传》：“[夏侯]胜、[黄]霸既系，霸欲从受经，胜辞以罪死。霸曰：‘朝闻道，夕死可矣！’胜贤其言，遂授之。”这是最早的误解孔子这句话的事例。（以上见毛子水先生《论语今注今译》。）朱注：“道者，事物当然之理。”以“道”为道理，是对这章“道”字的普通讲法。朱注：“朝夕，所以甚言其时之近。”朝夕，是表示马上、立刻的意思。

③ 朱注引程子曰：“孔子盛时，寤寐常存行周公之道，及其老也，则志虑衰而不可以有为矣。盖存道者心，无老少之异；而行道者身，老则衰也。”

④ 《国语·周语上》：“内史过曰：周之兴也，鸑鷟鸣于岐山。”韦昭注：“三君云：鸑鷟，凤之别名也。”《说文》：“凤，神鸟也。”《墨子·非攻下》：“赤鸟衔珪，降周之岐社，曰：天命周文王，伐殷有国。泰颠来宾，河出绿图。”

⑤ 马曰：“韫，藏也。椟，柜也。谓藏诸柜中。”韫，音yùn。椟，音dú。《说文》段注：“匮与椟与音义皆同。”匮，俗作柜。“韫椟而藏诸”，虽然犯了言词重复的毛病，不过古人自有复语，比如《诗经·卫风·硕人》：“硕人其颀”，硕已含大的意思。（《诗经·唐风·椒聊》：“硕大无朋。”）颀，也是形容身材高大的样子。（颀，音qí，长貌。）贾，音义同“价”。善贾，就是高价。

沽，音gū，卖也。这里的“诸”是“之乎”的合音。(王引之《经传释词》:“急言之曰诸，徐言之曰之乎。”)

⑥ 朱注:“微生，姓。亩，名也。亩，名呼夫子而辞甚倨，盖有齿德而隐者。”栖，音qī(又音xī)。栖栖，是不安的样子。朱注:“为佞，言其务为口给以悦人也。疾，恶也。”包曰:“病世固陋，欲行道以化之。”

⑦ 朱注:“成子，齐大夫，名恒。简公，齐君，名壬。事在春秋哀公十四年。”沐，洗头；浴，洗身。刘疏:“礼于常朝不齐，此重其事，故先齐也。”按:刘疏的“齐”即“斋”，凡斋必沐浴。三子指仲孙、叔孙、季孙三卿，当时鲁国的政权都在三家手中。

⑧ 陈，音义同“阵”。问陈，就是问战阵之事。俎豆，是古代的礼器，是用来朝聘和祭祀的。

⑨《史记·孔子世家》:“定公十四年，孔子由大司寇行摄相事；与闻国政，齐人闻而惧。……于是选齐国中女子好者八十人，皆衣文衣而舞康乐，文马三十驷，遗鲁君。陈女乐文马于鲁城南高门外。……季桓子卒受齐女乐。三日不听政，郊又不致膰俎于大夫。孔子遂行。”清崔述《洙泗考信录二》列本章于“存疑”，说:“按《孟子》但言‘不用、从而祭、不税冕而行’，未尝言‘归女乐’一事。”

⑩ 赵注:“阳货，鲁大夫也。”归，有一本作“馈”，是赠送的意思。《孟子·滕文公下》:“阳货欲见孔子而恶无礼。大夫有赐于士，不得受于其家，则往拜其门。阳货瞰孔子之亡也而馈孔子

蒸豚。”《广雅·释言》：“时，伺也。”这里的“诸”等于“之于”。涂，同“途”，道途也。“来！予与尔言”下的“曰”字，似不应有，因为“怀其宝”以下的话，还是阳货讲的。不过古书里记语气更换时，偶尔也加个“曰”字。“怀其宝而迷其邦，可谓仁乎？曰：不可！”这个“曰”字乃是一个人自为问答时用的。《经传释词二》：“有一人之言而自为问答者，则加‘曰’字以别之。”亟，音qì，是频频、屡次的意思。《礼记·玉藻》：“父命呼，唯而不诺。”注：“唯：速而恭；诺，缓而慢。”孔子对阳货的话只是漫答虚应，所以用“诺”，从“诺”字，可以体会孔子无可奈何的心情。

五

陈亢问于伯鱼曰：“子亦有异闻乎？”对曰：“未也，尝独立；鲤趋而过庭。[1]曰：‘学《诗》乎？’对曰：‘未也。’‘不学《诗》，无以言。’鲤退而学《诗》。他日，又独立；鲤趋而过庭。曰：‘学《礼》乎？’对曰：‘未也。’‘不学《礼》，无以立。’鲤退而学《礼》。闻斯二者。”陈亢退而喜曰：“问一得三，闻《诗》，闻《礼》，又闻君子之远其子也。”（《季氏》）

陈亢问伯鱼说：“你是不是从老师那里得到什么特别的教

训？”伯鱼答道：“没有。曾有一次他独自站着，我快步走过庭中。他说：‘学《诗》了吗？’我答道：‘没有。’[他说：]‘不学《诗》，没法把话说得好。’我退下后就去学《诗》。另外一天，他又独自站立着，我快步走过庭中。他说：‘学《礼》了没？’我回答说：‘没有。’[他说：]‘不学《礼》，没法立身处世。’我退下后就去学《礼》。我只得了这两个教训。”陈亢退下后高兴地说：“我问一件事却得了三种道理。我懂得了《诗》的重要，懂得了《礼》的重要，而且也懂得了一个君子即使对自己的儿子也没有私心。”

颜渊死，颜路请子之车以为之椁。子曰：“才、不才，亦各言其子也。鲤也死，有棺而无椁。吾不徒行以为之椁；以吾从大夫之后，不可徒行也。”②（《先进》）

颜渊死了，颜路请求孔子把车做颜渊殡时的椁。孔子说：“回和鲤虽有才与不才的分别，但从我们两人讲，却同是儿子。鲤死的时候，有棺而无椁。我并没有把车给他做椁而自己步行，因为我曾身居大夫，依礼是不当步行的。”

以上所举两段记载，很值得玩味。在《论语》里另有两处记载着陈亢（子禽）的谈话：

一见《学而》篇：“子禽问于子贡曰：‘夫子至于是邦也，必闻其政：求之与？抑与之与？’”

一见《子张》篇：“陈子禽谓子贡曰：‘子为恭也，仲尼岂贤于子乎？’”

两次谈话的对象都是子贡，看来陈亢对子贡是颇崇拜的，对孔夫子却是保留的；陈亢似乎有背后刺探或批评人的习惯，难怪他要向孔子的儿子打听行情了。可是君子无私，陈亢连半点私情也没挖着。（真泄气！）不过，陈亢能懂得“问一得三”，到底是不俗的。

颜回是孔子最喜欢的学生，二十九岁头发全白了，三十二岁就死了[3]，英才早逝啊！难怪孔子“哭之恸”，而且还说“不为这样的人伤心却为谁伤心呢！”可见孔子痛惜之情，恐怕并不下于一个父亲痛惜他的儿子！

但是爱归爱、疼归疼，门徒就是门徒、儿子就是儿子；鲤死，有棺无椁；回死，就不能涂车为椁，孔子不答应颜路的要求并不是因为孔子不爱颜回，相反，依礼，士的殡礼，根本用不到“椁”！

我们看孔子对门人厚葬颜回的叹语：“回也，视予犹父也；予不得视犹子也。非我也；夫二三子也！”就可以了解，孔子要以适当的礼葬颜回——一切要合理合情！而不可厚诬死者！

子温而厉，威而不猛，恭而安。[4]（《述而》）

孔子待人温和而处事严正，外表威严而性情平和，形貌恭谨而内心舒泰。

孔子于乡党，恂恂如也，似不能言者。其在宗庙朝廷，便便言，唯谨尔。[5]（《乡党》）

孔子在家乡，态度恭谨，好像不能说话似的。他在宗庙朝廷，虽言词明辨，不过还是很谨慎。

子钓而不纲；弋，不射宿。[6]（《述而》）

孔子钓鱼，但不用网罟去捕鱼；射飞鸟，但不射停在鸟巢的鸟。

子食于有丧者之侧，未尝饱也。子于是日哭，则不歌。（《述而》）

孔子和一个有丧事的人在一起吃饭，从没有吃饱过。孔子在那天吊丧哭过后，就不会再唱歌。

子在齐闻《韶》，三月不知肉味。曰："不图为乐之至于斯也！"[7]（《述而》）

孔子在齐国听了《韶》乐，一连学了三个月，吃饭连肉味都觉不出了。他说："真没想到学音乐会使人到这个地步！"

子与人歌而善，必使反之，而后和之。[8]（《述而》）

孔子跟人唱歌，如果觉得别人唱得好，一定请他再唱一遍，然后跟他唱和。

朋友死，无所归[9]，曰："于我殡。"朋友之馈，虽车马，非祭肉，不拜。（《乡党》）

朋友死了，没有亲属出来主持丧事，孔子就说："我来办。"朋友有所馈赠，除非是祭肉，即便是车马，也不行拜礼。

师冕见。及阶，子曰："阶也。"及席，子曰："席也。"皆坐，子告之曰："某在斯，某在斯。"师冕出，子张问曰："与师言之，道与？"子曰："然，固相师之道也。"[10]（《卫灵公》）

师冕来见孔子。到了阶前，孔子说："这是台阶。"到了座席前，孔子说："这是座席。"都坐定了，孔子告诉他，"某某在这里，某某在这里。"师冕出去后，子张问道："老师和乐师讲的话，都合乎道理吗？”孔子说：“是的，这是我们对待一个眼睛看不见的乐师所应有的道理。”

通过这些小片段，也许我们可以和孔子更亲近些！你看这恐怕是学生们给老师的素描吧！“温而厉，威而不猛，恭而安”，真是“望之俨然，即之也温”（《子张》）！我们想孔子一生做人做事都力求合理合情，教学因材施教，在乡党、在宗庙朝廷言貌各不相同，就是钓、射，也只是意思意思，绝不想一网打尽、赶尽杀绝，真个是其钓、射也君子！对鱼鸟都心存仁厚，对人就更不必说了。

同情心人人都有，不过我们偶尔也可以看见对着出殡行列大声喧哗的场面——人常常疏忽小节，可是孔子并不因小节而疏忽，所以弟子才有以下的记载：“子食于有丧者之侧，未尝饱也。”

我们再看他招待师冕的种种，多细心、多善体人意。朋友死了，孔子包办丧事，多有义有情，现在有时听人说“人去人情亡”！唉！

“学琴的朋友不会变坏”，那么喜欢音乐的人一定是可爱的。孔子多迷音乐呀！一学三月竟到不知肉味的地步，难怪孔夫子要吃惊，我们是又惊又羡呢！一个人可以学习自己喜欢的事物，而且一迷三个月，多美呀！

孔夫子多可爱可敬，他不忌妒，别人唱得好，请他再唱一遍！然后一同唱和！一起欢唱！

① 亢，音gāng。陈亢，字子禽。伯鱼，孔子的儿子孔鲤的字。趋，疾行也。

② 颜路，颜回父颜无繇的字，路也曾是孔子的弟子。朱注："椁，外棺也。"宦懋庸《论语稽》："请车为椁，朱注从孔说：以为卖车买椁。笺注家皆无以正其误。按：卖车买椁之说有八不可解。……今考《礼经》，乃知颜路请车为椁，盖欲殡时以孔子之车菆涂为椁，非葬时之椁也。"《孔子世家》："孔子生鲤，字伯鱼。伯鱼年五十，先孔子卒。"《说文》："徙，步行。"《礼记·王制》："君子者，老不徒行。"

③ 见《史记·仲尼弟子列传》和《孔子家语》。

④ 厉，严正。《左传·襄公三十一年》："有威而可畏谓之威。"

⑤ 郑注："恂恂，恭慎貌。"朱注："似不能言者，谦卑逊顺，不以贤知先人也。乡党，父兄宗族之所在，故孔子居之，其容貌辞气如此。"郑注："便便，辩也。虽辩而敬谨。"朱注："宗庙，礼法之所在；朝廷，政事之所出；言不可不明辩。故必详问而极言之，但谨而不放尔。"

⑥ 朱注："纲，以大绳属网，绝流而渔者也。"以绳系矢而射叫弋，音yì。朱注：宿，宿鸟。

⑦ 韶，舜乐。朱注："《史记》'三月'上有'学之'二字。不知肉味，盖心一于是而不及乎他也。"按："三月"上添"学之"，

较合；下文正作“为”乐，为乐，就是学音乐。

⑧ 朱注：“反，复也。必使复歌者，欲得其详而取其善也。”和，音 hè，唱和。

⑨ 孔曰：“无所归，无亲昵也。”

⑩ 朱注：“师，乐师，瞽者。冕，名。”吴志忠的朱注刻本于“与师言之”下作逗，“之”是所言者。相，音 xiàng，助也。

六

子畏于匡，曰：“文王既没，文不在兹乎！天之将丧斯文也，后死者不得与于斯文也！天之未丧斯文也，匡人其如予何！”[①]（《子罕》）

孔子在匡地遇到危难时说：“周文王死了以后，文化的传统不都体现在我身上吗？天如果要断绝这文化，就不应该让我有这个抱负；天如果不想断绝这文化，匡人又能把我怎么样！”

在陈，绝粮，从者病，莫能兴。子路愠，见曰：“君子亦有穷乎？”子曰：“君子固穷，小人穷，斯滥矣！”[②]（《卫灵公》）

孔子在陈国的时候，断了粮食。随从的弟子都饿得慌，起都起不来了。子路很生气，见了孔子说："君子也会穷吗？"孔子说："君子固然也有穷困的时候，［不过，不像］小人穷了，就什么都做得出来！"

孔子一生颠沛流离，多灾多难，少年时贫贱，中老年时困厄。这么可敬的人，却遭到这般磨难，是上天所设的试炼吗？当然铁要通过煅烧才能成钢，人在穷困的时候才能显出他的气度。

鲁国的阳虎，不知在匡做了几筐几篓的坏事，匡人对他恨极了。偏偏孔子和阳虎长得有几分像（造化弄人！），而给孔子赶车的颜刻又曾随阳虎到过匡地，这下误会是解释不清了，包围起来！

法国大革命时的暴民，那股暴劲是要人命的！想想，孔子他们这批人处境多危险！可是孔子并没惊慌失措，看！他对自己多有自信，这种舍我其谁的使命感，使他豪气干云、不忧不惧！

在陈，连最基本的维持生命的粮食都断了，生命的延续也许马上就会成问题，孔子却并不曾怨天尤人，他只是告诉一腔怒火的子路：人要有格调、有风骨。

① 畏，受了危难。（见毛子水先生《论语今注今译》）《史记·孔子世家》："孔子适卫。或谮孔子于卫灵公；孔子去卫。过匡，匡人闻之，以为鲁之阳虎。阳虎尝暴匡人，匡人于是遂止孔子，拘焉，五日。弟子惧，孔子曰：'文王既没，……匡人其如予

何！’孔子使从者为宁武子臣于卫，然后得去。”《史记》的记载崔述以为不足信，他在他的《洙泗考信录》卷三曾加论辩;《庄子·秋水》、《说苑·杂言》都有子畏于匡的记载，匡或以为是卫邑、或以为是宋邑、或以为是郑邑，众说纷纭，不过子畏于匡的说法倒是流传了很久——战国时人还在述说这件事情。文，指文化。

② 病，皇疏:“困也。”这个“病”可以泛称所有身体上的“困”，生病当然是其一；另外像本章的饿死了,《孟子》:“今日病矣，予助苗长矣。”病，朱注:“疲倦也。”就是我们所说的“累死了”。《左传·僖公二十八年》：使问且视之，病，将杀之。笺：病，伤重也。朱注:“兴，起也。”何氏曰:“滥，溢也。言君子固有穷时，不若小人，穷则放溢为非。”

七

子击磬于卫。有荷蒉而过孔氏之门者，曰:“有心哉！击磬乎！”既而曰:“鄙哉！硁硁乎！莫己知也，斯己而已矣。深则厉，浅则揭。”子曰:“果哉，末之难矣！”① (《宪问》)

孔子在卫国，有一天正敲着磬。有一个挑着草筐的人走过孔子门前，说:“有心呀！敲磬的！”隔了一会儿又说:“太陋了！

硁硁的！没有人了解我们，自顾自也就是了。[《诗》上不是告诉我们：] 水深蹚过去，水浅褰裳过。”孔子说：“可真果决呀！如果能这样，也就没什么难处了。”

楚狂接舆歌而过孔子，曰：“凤兮凤兮，何德之衰！往昔不可谏，来者犹可追。已而已而，今之从政者殆而！”孔子下，欲与之言。趋而辟之，不得与之言。[②]（《微子》）

楚国的狂人接舆唱着歌走过孔子的门前，说：“凤呀凤呀，你的命运为什么那么坏！过去的没法挽回，将来的还可努力追求。算了吧！算了吧！现在的从政者实在是危险呀！”孔子下堂出门，想和接舆谈谈。他却赶快走避，孔子也没法跟他谈了。

长沮桀溺耦而耕。孔子过之，使子路问津焉。长沮曰：“夫执舆者为谁？”子路曰：“为孔丘。”曰：“是鲁孔丘与？”曰：“是也。”曰：“是知津矣。”问于桀溺，桀溺曰：“子为谁？”曰：“为仲由。”曰：“是鲁孔丘之徒与？”对曰：“然。”曰：“滔滔者天下皆是也，而谁以易之！且而与其从辟人之士也，岂若从辟世之士哉！”耰而不辍。子路行以告。夫子怃然，曰：“鸟兽不可与同群，吾非斯人之徒与而谁与！天下有道，丘不与易也。”[③]（《微子》）

长沮、桀溺一起耕田。孔子路过，叫子路去打听渡口在哪儿。长沮说："那执辔的是谁？"子路说："是孔丘。"长沮说："是鲁国的孔丘吗？"子路说："是。"长沮说："那他应该知道渡口在哪里。"子路又向桀溺打听。桀溺说："你是谁？"子路说："仲由。"桀溺说："是鲁国孔丘的门徒吗？"子路答道："是的。"桀溺说："天下乱糟糟的，到处都是一样的，却跟谁一起来改变它！况且你与其跟着躲避坏人的人，何不跟着我们这种避开整个乱世的人呢！"说完，他就不断地犁田，不再理子路。子路只好走回孔子身边，把他们的对话都向孔子报告。孔子听了，怅然说道，"我们没法和鸟兽在一起，我们不和人类在一块儿却和什么在一块儿！天下如果太平，我是不会想要改变它的。"

子路从而后，遇丈人，以杖荷蓧。子路问曰："子见夫子乎？"丈人曰："四体不勤，五谷不分：孰为夫子！"植其杖而芸。子路拱而立。止子路宿；杀鸡为黍而食之。见其二子焉。明日，子路行以告。子曰："隐者也！"……[④]（《微子》）

子路跟随孔子出去，却落在后边了，遇见一位老人，用杖挑着耘田器。子路问道："你见到我的老师了吗？"老人说："身体不勤劳，也不种五谷粮食，谁是老师啊！"把杖竖了就耘起田来。子路恭敬地拱手站着。老人留子路过夜，杀了鸡做了黍饭请他吃。为他引见了自己的两个儿子。第二天，子路［见了孔子］把昨日事告诉了孔子。孔子说:“他是位隐者啊！”

如果我们说孔子是积极用世的实行家，那么接舆、长沮、桀溺等人就是消极避世的隐退者，由于他们在人生观上有很大差异，所以行为上就大不相同了。隐者对孔子，或惋惜、或讽谏，在隐者的心目中，天下滔滔，既无法兼善天下，倒不如独善其身，所以他们对孔子周游天下、明知不可为而为之的行径，感到不解。

孔子以为生为人类，就得与人相接，就当为人尽力，这是一个人的责任，不容逃避。罗曼·罗兰说:“世界上只有一种英雄精神，那就是照现实来看世界，并且爱它。”是的！世界也许太乱，人生也常不如意，可是逃避，只显示内心的怯懦——连面对问题、困难的勇气都没有！无法使问题化解、困难去除——如果我们不尝试，那么我们连失败的机会都没有。孔子愿意忍受别人的挖苦和误解，为所当为，也只在图一个心安，至于事情的成败，倒在其次。

孔子的再传弟子孟子，最能把握孔子这种精神，孟子说:“当今之世，舍我其谁！”(《孟子·公孙丑下》)。春秋时代是一个混乱的时代，战国时代的混乱，比起春秋时，犹有过之！“臣弑其君者有之，子弑其父者有之。”(《孟子·滕文公下》)“争地以战，杀人盈野；争城以战，杀人盈城。”(《孟子·离娄上》)

铁器的普遍利用，使战争更为惨烈，而战争的结果，是土地的掠夺——春秋时有一百余国，到战国时却只有七雄最为强盛了！面对这样一个混乱的时代，孟子发挥了他救世的狂情，慨然以天下兴亡为己任！我们想这是孟子被后人尊为“亚圣”最重要的原因！

叔孙武叔语大夫于朝曰：“子贡贤于仲尼。”子服景伯以告子贡。子贡曰：“譬之宫墙，赐之墙也及肩，窥见室家之好；夫子之墙数仞，不得其门而入，不见宗庙之美，百官之富。得其门者或寡矣。夫子之云，不亦宜乎？”⑤（《子张》）

叔孙武叔在朝上对大夫说：“子贡比仲尼高明。”子服景伯把这话告诉了子贡。子贡说：“好比是围墙吧！我的围墙不过及肩高，从外面可以望见房子的美好；老师的围墙却有好几仞高，如果没法从门户进去，那么，就见不到那美好、富丽的一切。能够得其门户进入的可能很少。武叔这样说，也是难怪的。”

叔孙武叔毁仲尼。子贡曰：“无以为也！仲尼，不可毁也。他人之贤者，丘陵也，犹可逾也；仲尼，日月也，无得而逾焉。人虽欲自绝，其何伤于日月乎！多见其不知量也。”⑥（《子张》）

叔孙武叔毁谤仲尼。子贡说：“不要这样做！仲尼，是不能毁谤的。别人的贤能，好比丘陵，还可以越过；仲尼的贤德，好比日月，是没法子越过的。一个人虽想要自取毁灭，这对日月又有什么妨害！只不过显得不自量力罢了。”

陈子禽谓子贡曰：“子为恭也，仲尼岂贤于子乎！”子贡曰：“君子一言以为知，一言以为不知：言，不可不慎也。夫子之不可及也，犹天之不可阶而升也。夫子之得邦家者，所谓立之斯立，道之斯行，绥之斯来，动之斯和。其生也荣，其死也哀，如之何其可及也！”⑦（《子张》）

陈子禽对子贡说：“你是客气呀！仲尼难道比你高明！”子贡说：“君子一句话就可以显出是不是聪明，说话，是不能不谨慎的。老师的不可及，好比天是不能爬梯子而登上去的。老师如果能在一国当政，那么他扶植的百姓就能站稳；诱导的百姓就能遵行；安抚的百姓就能归来；鼓动的百姓就能响应。他活着受人尊敬，死了受人哀悼，这种人我们怎么能比得上！”

钟鼎山林，人各有志。退隐乡野的田夫野老，看不惯孔子那仆仆风尘、奔波于列国的傻劲，所以不免批评几句，这还有得说；叔孙武叔、陈子禽一类人就真有些莫名其妙，居然诋毁仲尼！

汉朝的学者郑玄以为子禽是孔子弟子。【见《学而》篇“子禽问于子贡”章注疏引郑注】不过在《论语》里，弟子当面称孔子“子”，背后呼“夫子”，而陈子禽直呼“仲尼”，非弟子礼！《史记·仲尼弟子列传》没有列载陈亢（子禽），想来太史公是有他的理由的。何况背后批评老师，在孔门中是没有的。

叔孙武叔和陈子禽他们抬举的对象都是子贡。子贡是孔门中很出色的一个学生，他语言方面的天分和通达的政治手腕[8]，使他成为了孔门中的巨富。“子贡一出：存鲁、乱齐、破吴、强晋而霸越。”在国际舞台上是个翻云覆雨的厉害角色。

子贡喜欢批评别人[9]，不过，好在子贡还颇有自知之明，至少子贡自己承认他不如颜回那么好[10]——一个人能承认自己不如别人，就是不断努力求进步的原动力！不是有句话说：知不足，然后足吗！

子贡这一种“喜扬人之美”【见《史记·仲尼弟子列传》】的德行，使他没有沉醉在叔孙武叔和陈子禽的掌声中，倒是冷静地指出孔子的伟大和叔孙武叔、陈子禽言语上的过失。

① 磬，音 qìng，古代用石制成的乐器。荷，音 hè，担也。《说文》：“蒉，艸器也。”屮，是草木初生；艸，是百草，现在写成“草”。硁，音 kēng，硁硁，是击磬声。刘疏：“斯已者，言但当为己，不必为人；即孟子所云‘独善其身’者也。”“深则厉、浅则揭”，见《诗经·邶风·匏有苦叶》。《诗传》：“以衣涉水为厉。揭，褰衣也。遭时制宜，如遇水，深则厉，浅则揭矣！”朱注：“果哉，叹其果于忘世也。末，无也。圣人心同天地，视天下犹一家，中国犹一人，不能一日忘也。故闻荷蒉之言，而叹其果于忘世。且言，人之出处，若但如此，则亦无所难矣！”

② 朱注：接舆，楚人，佯狂辟世。已，止也。而，语气助

词。殆，危也。郑注："下，下堂出门也。"（皇本、正平本，章首"过孔子"下有"之门"二字。）

③ 郑云："长沮，桀溺，隐者也。"朱注："耦，并耕也。时孔子自楚反乎蔡。津，济渡处。执舆，执辔在车也。盖本子路御而执辔，今下问津，故夫子代之也。知津，言数周流，自知津处。以，犹与也。言天下皆乱，将谁与变易之。而，汝也。辟人，谓孔子。辟世，桀溺自谓。耰，覆种也。怃然，犹怅然，惜其不喻己意也。言所当与同群者，斯人而已，岂可绝人逃世以为洁哉。天下若已平治，则我无用变易之；正为天下无道，故欲以道易之耳。"耰，音 yōu。怃，音 wǔ。

④ 包曰："丈人，老人也。"《说文》："莜，耘田器。《论语》曰：以杖荷蓧。"包曰："丈人云：不勤劳四体、不分植五谷，谁为夫子而索之耶？"包以"分植"训"分"，这个说法和《礼记·王制》"百亩之分"相同，就是种植、分种的意思。朱注："责其不事农业而从师远游也。植，立之也。芸，去草也。"芸，《汉石经》作"耘"。芸，原来的意思是香草，这里假"芸"为"耘"。"见其二子"的"见"音 jiàn。《左传·昭公二十年》："乃见鱄设诸焉。"疏："谓为之绍介。"现在我们说"引见"。

⑤ 叔孙武叔，马曰："鲁大夫叔孙州仇。武，谥也。"语，音 yù，意思是把话告诉别人。宫墙，刘疏："室四周有墙，命寝庙皆居其中，墙南面有门以通出入。"大概就是现在我们说的"围墙"。仞，音 rèn，包曰："七尺曰仞。"

⑥ 毁，毁谤也。朱注：无以为，犹言无用为此。日月，喻其至高。自绝，谓以谤毁自绝于孔子。多，与“祇”同，适也。不知量，谓不自知其分量。

⑦ 为，伪也。《荀子·性恶》：人之性恶，其善者伪也。杨倞注：“伪，为也。”是“作为”的意思。道，音义同“导”。绥，安也。

⑧ 《先进》篇：德行：“颜渊……言语：宰我、子贡……”《雍也》篇：[季康子]曰：“赐也可使从政也与？”[子]曰：“赐也达，于从政乎何有！”

⑨ 《宪问》篇：子贡方人。子曰：“赐也贤乎哉！夫我则不暇。”释文：方人，郑本作谤人，谓言人之过恶。

⑩ 《公冶长》篇：子谓子贡曰：“女与回也孰愈？”对曰：“赐也何敢望回！回也闻一以知十，赐也闻一以知二。”女，音义同“汝”。愈，胜也。

八

颜渊喟然叹曰：“仰之弥高，钻之弥坚，瞻之在前，忽焉在后。夫子循循然善诱人，博我以文，约我以礼，欲罢不能。既竭吾才，如有所立卓尔，虽欲从之，末由也已！”[①]（《子罕》）

颜渊长叹道："老师的道理是越仰慕越觉其崇高，越钻研越觉其坚实，看着是在前面，一下子却又在后面了。老师循循然诱人向善：他以书本上的知识广博我智，以礼约束我行。我真是想停止都不可能。我已经竭尽所能，而夫子的道依然卓立在我面前，我虽想跟从，却办不到！"

仪封人请见。曰："君子之至于斯也，吾未尝不得见也。"从者见之。出曰："二三子何患于丧乎？天下之无道也久矣，天将以夫子为木铎。"②（《八佾》）

仪邑的守疆界的人请求见孔子，说："凡到这里的君子，我没有不得见到的。"孔子的弟子就让他见了孔子。封人见过孔子后出来说："你们何必为文化要断绝而担忧？天下已经乱了很久了，上天要让你们老师做复兴文化的工作。"

善意的讽谏也罢，令人无可奈何的挖苦也罢，莫名其妙无聊的批评也罢，孔子还是孔子，他不会因为畏惧挑战、逃避现实，而放下自己该做的事，改变自己该走的路。孔子思想成熟，他知道自己该做什么、该怎么做！他不忧不惧——如果一个人为真理、为自己人生的目标而吃苦，甚至献出生命，他也是会甘之如饴的！十字架总得有人扛，责任总得有人负，事情总得有人做！"哪能尽如人意，但求无愧于心！"人的心志不同，众说纷纭、众口雌黄，就在所难免。如果外界的噪音，就能改变一个人的生活，那生活的态度真是太多变了。

生命是苦难的开始，有了生命就有了烦恼。逃避并不是办法，就像我们不能因为怕烦就结束生命——那是懦弱的行为！我们只有面对现实、克服困难，才能达到觉悟的彼岸！所以孔子对人生种种，一体拥抱，透过了实行来表达他对人、对天下的大爱。

我们可以见小溪潺潺的全貌，却很少有机会眼观江海波涛汹涌的全貌。短视的人批评孔子，但也只止于批评，孔子是不会因人的褒贬而有所改变的。不过，我们读读孔子最欣赏的颜渊对孔子的感受，也许会让我们对孔子有更深一层的认识。“仰之弥高，钻之弥坚！”听！多么启明发聩的叮咛！孔子提倡有教无类、提倡仁、提倡恕，世界上最大的经典也只配做他的注脚。“生命不是自己拥有，必也使别人同样享受生命的乐趣。”不是吗？

① 朱注：“喟，叹声。仰弥高，不可及。钻弥坚，不可入。在前在后，恍惚不可为象。此颜渊深知夫子之道无穷尽、无方体，而叹之也。”循循然，善诱貌。

② 郑曰：“仪，盖卫邑。封人，官名。”“从者见之”，“见”音 xiàn，是引见的意思。丧，似乎应释为“天之将丧斯文”的“丧”。（见毛子水先生《论语今注今译》）

第二章

学——温故而知新

子曰："吾尝终日不食、终夜不寝，以思，无益，不如学也。"

——《论语·卫灵公》

“半亩方塘一鉴开，天光云影共徘徊。问渠那得清如许？为有源头活水来。”这是《论语集注》的作者宋朝朱熹的《观书有感》二首之一。源源不绝的活水，使方塘清澈似镜，映照天光云影、佳趣天成。人活着之所以美好，就在于能够学习，学习使人日日新，而精进不已，止于至善。

孔子一生努力向学，并且也帮助努力向学的人，其实说“帮助”也并不全符合事实。孔子曾说：“颜回，并不是有益于我的，他对我的话无不悦服。”【《先进》篇，子曰：“回也，非助我者也，于吾言无所不说。”说，音义同“悦”。】《礼记·学记》里有“教学相长”的话，如果教者因学者的发问而深思，那么就是学者有益教者。颜回是孔子许为“好学”的弟子，但说来孔子对他也有不满之处。

我们觉得孔子一生最伟大的行径，就是首先开科授徒——普及教育，导民于善。我们知道，在古代受教育是贵族的专利，一般平民是没有机会接受教育的。由于平民没有机会受教育，民智未启，一般人的生活就如一泓死水，人生的境界永远无法提升，更不必说参与政治了。

由于外族入侵，周室东迁，天子的势力衰落，代之而起的是诸侯的势力。这就代表只要有力量，就可以在政治舞台上扮演角色。武力、智慧，都是力量，而学是提高智慧的唯一途径！

另一方面，孔子个人的思想相当开明，我们看他对仲弓说："耕牛所生的小牛，长得浑身火红又头角方正。这样的牛，人们也许因为它的出身而不用它当祭品，难道山川的神会因为它是耕牛之子而不歆飨吗？"①

孔子的时代，职位世袭的制度还很盛行，父死子继是当然之理，但孔子对这种制度深不以为然。

孔子说："其身正，不令而行；其身不正，虽令不从。"（《子路》）政治的好坏在乎人，所以为政要举贤才。圣主贤臣，政治自然清明，庸主奸臣，政治必定败坏，这是必然的。

孔子对仲弓说的话，用"犁牛"比平民，"骍且角"喻贤而多能者，呼吁虽然身为平民，但若本身贤能，就应该在政治方面得到机会、崭露头角，看来世袭禄位的制度是孔子所不满的。开启民智，开采智慧的矿，最可靠，也可以说唯一的途径，那就是学。

子曰："由也，女闻六言六蔽矣乎？"对曰："未也。""居，吾语女。好仁不好学，其蔽也愚；好知不好学，其蔽也荡；好信不好学，其蔽也贼；好直不好学，其蔽也绞；好勇不好学，其蔽也乱；好刚不好学，其蔽也狂。"②（《阳货》）

孔子说："由，你听说过六种美德六种流弊的说法吗？"子路回答说："没有。"孔子说："坐下！我告诉你。好仁义而不好学，便会流于愚蠢；好聪明而不好学，便会流于放荡；好信实而不好学，便会因拘于小信而害了自己；好直率而不好学，便会流于说话尖刻；好勇力而不好学，便会造成祸乱；好刚强而不好学，便会陷于狂妄。"

子曰："吾尝终日不食，终夜不寝，以思，无益，不如学也。"（《卫灵公》）

孔子说："我曾经整天不吃，整夜不睡来冥思苦想，却徒劳无功，这不如学有益处！"

孔子重视学，自然有他充分的理由。从事实方面可以发现：仁、知、信、直、勇、刚，都是美德，但好德不好学，就流于：愚、荡、贼、绞、乱、狂，真所谓南辕北辙，令人徒叹。

一个人之所以会对某问题持某种看法，一方面固然是受到外力（比如师长或书本）的影响，另一方面得之于个人体验者尤多。比如王贯英先生，他深深体会到了失学的痛苦、求学的重要，所以他以"废纸兴学"，用金钱、书籍帮助读书人。

我们都曾做梦，庄子却因梦而使他的哲学思想圆融：有一次庄子梦见自己化为一只蝴蝶，展着彩色的翅膀飞舞，真是只美丽的蝴蝶，称心快意啊！一下醒了，梦碎了，惊觉庄周还是庄周，是庄周梦为蝴蝶？还是蝴蝶梦为庄周？这个绮丽的梦，使庄子体验梦觉、死生的道理。

只要我们认真体验，会处处有诗情、有真理，不是吗！我们回过头来说孔子的体验：他曾不吃、不睡，却苦思不得，事实证明，学最有益！

子曰："性，相近也；习，相远也。"【性，指常人天生的资质。习，指后天的教育，受习惯、环境的感染。】(《阳货》)

孔子说："人本来的天性，是相近的；但由于后天教育和生活环境的不同，人和人之间就很不同了。"

子曰："唯上知与下愚，不移。"【朱注：或曰："此与上章当合为一，'子曰'二字，盖衍文耳。"这个说法颇合理。】(《阳货》)

孔子说："只有上知和下愚是不能改变的。"

子曰："中人（以上），可以语上也；中人以下，不可以语上也。"③ (《雍也》)

孔子说："对待中等资质的人，可以诱导他成为上等人；那些中等资质以下的人，就不能诱导他向上。”

孔子认为人大体分上、中、下三等。上智和下愚只是人类中的极小部分，其余绝大多数人都是中人才质，为善、为恶，全看后天的教育和环境的影响了。基于这种观点，孔子才特别强调学的重要。

虽然孔子也承认教育和环境对上知和下愚并不发生影响，但上知和下愚在人类中所占比例极小；教育能提升绝大多数中等资质的人的人生境界，学习的价值就在于此。

比孔子晚差不多一百年的孟子和荀子对人性也有精辟的见解：孟子认为“人皆有不忍人之心”（《公孙丑上》）。什么是不忍人之心？当我们看见一个小娃娃爬到井边，快掉到井里去了，一种紧张和怜悯的心情，使我们立刻把他抱开。这只是人类同情心的自然而然的外在表现，我们这么做，当然不会是为了和小娃娃的父母拉交情，也不会是为了在地方上得好名声，更不会是害怕别人说我们见死不救！

孟子由这种体验得出：人性本善。孟子说：“恻隐之心，人皆有之；羞恶之心，人皆有之；恭敬之心，人皆有之；是非之心，人皆有之。恻隐之心，仁也；羞恶之心，义也；恭敬之心，礼也；是非之心，智也。仁义礼智，非由外铄我也，我固有之也；弗思耳矣。故曰：求则得之，舍则失之。”（《告子上》）

孟子认为人性本善，仁义礼智等美德，乃人类固有，不待外求。但是，人性既本善，为什么还有坏人？孟子以为那是人不“思”，以致放失其心，做坏事、为恶行。解救之道是：“学”！他说：“学问之道无他，求其放心而已矣。”（《告子上》）人性本善，人只要觅得放失的善心，发挥人性，就是学问之道。

荀子以为“性”是天生自然的（见《性恶》篇），“善”既然和“性”有“离”的事实（所以世上有坏人），那么孟子的性善说就站不住脚了（见《性恶》篇）。荀子主张性恶，但性善、性恶也只是字面上看着相反，两说在哲学内容上并不全然相反。我们以为要了解哲学的内容，必先弄清楚哲学家所用的名词的含义——比如儒家和老庄提出的“圣人”，境界完全不相同。

在中国古代的哲学家中，荀子是比较实际、很少对形而上感兴趣的一位。荀子认为性是“生之所以然”，“不事而自然”的、是天生自然的。

荀子又说：“凡古今天下之所谓善者，正理平治也；所谓恶者，偏险悖乱也。是善恶之分也已。”（《性恶》）“礼义之谓治，非礼义之谓乱也。”（《不苟》）

“正理平治”是善，“偏险悖乱”是恶，治乱是善恶的标准。“礼义”是治是善，“非礼义”是乱是恶。荀子用和现实生活发生关联的治乱、礼义、非礼义来界定善恶。举例说：人性都好利，如果顺性而为，那么必生争夺。我们看社会上频传的经济犯罪和盗窃、抢掠案！人性好忌妒，如果任性，那什么害人勾当做不出来！人都贪口腹之欲，又好声色，若任性而为，那人和禽兽有什么不同！

我们透过《荀子·性恶》所举的例子看，他所说的“性”，实际就是“欲”，饿了要吃、困了要睡、累了要休息，是人自然的欲念，凡人都一样。所以荀子说：“故圣人之所以同于众，其不异于众者，性也……凡人之性者，尧舜之与桀跖，其性一也；君子之于小人，其性一也。”（《性恶》）

欲念本身本无所谓善、恶，但如果顺性而为：饿了就顺手拿面包店的面包！他那么多钱，我也需要钱，把他的钱弄点来花花！好了，偷、抢的事件就发生了，社会就乱了。顺性的结果是乱，结果为恶，所以归因于恶——性恶论就成立了。

性既为恶，而人性都一样，那么社会上的好人从哪里来的？学！“人之性恶，其善者伪也。”（《性恶》）这“伪”字要特别仔细去体会！伪不是伪装，不是伪君子，“伪”是人为，性是天生自然。伪是后天人为，是发挥人为力量而促成的，那人为的力量，自然就是学。由于荀子对人性深刻的认识，所以他特别重师、劝学（《荀子》第一篇就是《劝学》）！

由于哲学名词内涵的不同，荀、孟对人性的看法虽不同但并非完全相反，但不管是主性善的孟子还是主性恶的荀子，都有一种看法：人生是光明的！只要学（不管是找回放失的善心，还是约束自然的欲念。）人人都可以成为好人、圣人！（《荀子·性恶》：“涂之人，可以为禹！”《孟子·滕文公上》中引颜渊的话：“舜何人也！予何人也！有为者亦若是！”）

孔子虽然没有论及性之为善为恶的问题，但是“中人可以语上”的认知，使他对人生、对教育产生了无比的信心！人只要学，就一定能好，“人人可以为尧舜”！除非妄自菲薄、自暴自弃。看来，要提高人类的质量、改善世界的紊乱，教育是最可行的良方。孔子在两千五百年前就已经悟出这个道理，而且教学不怠，大哉！孔子！

孔子曰：“生而知之者，上也；学而知之者，次也；困而学之，又其次也；困而不学，民，斯为下矣！”【朱注：困，谓有所不通。言人之气质不同，大约有此四等。】(《季氏》)

孔子说：“生下来就知道的，是上等人；学了而后知道的，是次等人；遇了难题知道自己不行而后学的，是又次一等人；遇了难题仍不学习以求解决的，这种人，是最下等的了！”

子曰：“我非生而知之者，好古，敏以求之者也。”【好，音hào，喜好也。刘疏：敏，勉也，言黾勉以求之也。】(《述而》)

孔子说：“我并不是生下来就什么都知道的，我只是喜好古代圣贤留下来的知识、努力学来的。”

说来真泄气！有人天生聪慧，智商一百四十以上，一目十行，过目不忘；有人却资质平平，黾勉以求，才得稍进。看来人天生就是不平等的！

“人一能之己百之，人十能之己千之。果能此道矣，虽愚必明。”（《中庸》）人天生的资质也许不平等，但这种不平等并不是不可改变的，只要我们有决心、信心、恒心，天才可以一目十行，我们可以一行十目，下别人十倍、百倍的功夫。天才可以过目不忘，我们也可以过目不忘！

事实上“生而知之”的“上知”很少，孔夫子自己都承认他是努力学，才得到知识的！天才虽然可以一目十行，可是他还是得下功夫，当然他可以用较少的精力得到较好的成绩，但功夫还是要下的。

“成功是一分的天才，九十九分的努力！”连爱迪生那样头脑的人都有这种认知，我们怎能不重视学习、不努力用功！“或生而知之，或学而知之，或困而知之，及其知之，一也。”《中庸》学说可以将天生资质的不平等扯平，除非我们妄自菲薄，甘为下民，困而不学！

子曰：“学如不及，犹恐失之！”（《泰伯》）

孔子说：“黾勉向学，要好像来不及似的，就是这样，还怕有所遗漏！”

子曰："语之而不惰者，其回也与！"【朱注引范氏曰："颜子闻夫子之言，而心解力行，造次颠沛未尝违之。如万物得时雨之润，发荣滋长，何有于惰，此群弟子所不及也。"】(《子罕》)

孔子说："告诉他道理而听不倦的，恐怕只有颜回吧！"

子曰："譬如为山，未成一篑，止，吾止也！譬如平地，虽覆一篑，进，吾往也！"④（《子罕》)

孔子说："(进德修业）好比那堆土造山，只差一笼土这预期的山就造成了，可是这造山的人却止住了，那我也只好说他是到此为止（算不得成功）！譬如在平地上堆山，虽然才刚倒下第一笼土，但是这个造山的人立定志向、勇猛精进，那我要说他必日日进步、终会成功！"

苏东坡有两句诗："作诗火急追亡逋，清景一失后难摹。"(《腊日游孤山访惠勤惠思二僧》）逋是逃窜的意思，亡逋是指逃犯。作诗靠灵感，而灵感的火光一闪即逝，失就不可再得，所以怎么样捕捉灵感是一个大问题。东坡以追逃犯做比喻：追逃犯是一刻也不容迟缓的，一旦犯人没入人群，再要捕捉，就是大海捞针了。

孔子说到学习的态度，要积极，要"如不及"，《礼记·问丧》："望望然，汲汲然，如有追而弗及也。"我们平常可以看到周围的某些人钻名营利，那种汲汲营营，那种"未得之也，患得之；既得之，患失之"(《阳货》)——没得到时怕得不到，到了手又怕失去，那种"鄙夫"行径，自然可笑。可是，如果我们把孜孜为利的精神，移转于"孜孜为善"(《孟子·尽心》)，那么我们已经把握了学习的正确态度。

人，活到老学到老。时间是以生命为准的——死而后已，层面是道在蝼蚁、道在屎溺。[5]道理是无所不在的，以我们有限的生命去追求那广阔无垠的知识瀚海，我们只恨生命不长久。

久旱初雨的情景，见过吗？那临空而下的甘露，都让土地快乐地啜吸了——每一滴！进德修业必得有学习的热情，积极的态度，支撑这种热切的，是永不懈怠！

我们平常说"好的开始是成功的一半"，但是"靡不有初，鲜克有终！"(《诗经·大雅·荡》)三分钟热度是常人的毛病，即便是有了好的开始，但好的开始并不等于成功，成功仍然需要努力、不懈怠地努力才能获得。我们常说天下没有什么是可以不劳而获的，不是吗？我们常见到别人成功了，但我们见不到成功背后的努力！我们艳羡成功运动员一跃而起，接受众人欢呼的神气，却很难体会这一跃得经过多少苦练。

当然，好的开始虽然不等于成功，但没有开始永远没有成功。只要我们开始，我们就有成功的希望！而开始没有早晚的分别，只有开始或者不开始。

也许我们以前曾旷废时日，荒怠学业，也许我们以前曾饱食终日，无所用心，没关系！“从前种种譬如昨日死，以后种种譬如今日生。”从今天，不！从现在开始，只要我们有决心、信心、恒心，再下苦心，天下哪有不可成的事！怕就怕虎头蛇尾，“功亏一篑”，就像那有题目却没结尾的作文，永远算不得是篇文章。

子曰：“不曰‘如之何【怎么办】，如之何’者，吾未‘如之何’也已矣！”（《卫灵公》）

孔子说：“一个不常说‘怎么办，怎么办’的人，我对他也不知道‘怎么办’了！”

子曰：“不愤，不启；不悱，不发。举一隅而示之，不以三隅反，则不复也。”⑥（《述而》）

孔子说：“一个人不到了因自己所知不足而愤懑，我是不会去开导他的；一个人没到了为求知而怅恨，我是不会去启发他的。我告诉他一种道理，他不能举一反三，那我就不再教他了。”

子曰：“见贤思齐焉，见不贤而内自省也。”【朱注：思齐者，冀己亦有是善。内自省者，恐己亦有是恶。】（《里仁》）

孔子说：“见到贤人，[便用心学他] 希望和他齐头并进；见到不好的人，便自我反省 [是不是有和他一样的毛病]。”

子曰：“三人行，必有我师焉。择其善者而从之，其不善者而改之。”⑦（《述而》）

孔子说：“几个人走在路上，其中就有我的老师。他们认为好的事，我就做；他们认为不好的事，我就改。”

曾子曰：“吾日三省吾身：为人谋而不忠乎？与朋友交而不信乎？传，不习乎？”【《史记·仲尼弟子列传》：“曾参，南武城人，字子舆，少孔子四十六岁。”省，反省、自省。】（《学而》）

曾子说：“我每天以三件事反省我自己：我替人计议事情尽心了吗？和朋友交往诚信吗？传授学业，自己对学业很熟吗？”

所谓师父领进门，修行在个人。一个人做任何事，特别是学习，必须有很强的自觉心。一个人遇到问题，不自问也不问人“怎么办”，圣人也拿他没办法。求学就好比游泳，我们必须入水，才能游泳。同样的，做学问，必须钻进问题里面，面对问题，接受问题的挑战，问题才有解决的可能。

王国维先生在《人间词话》里说：“古今之成大事业、大学问者，必经过三种之境界：‘昨夜西风凋碧树，独上高楼，望尽天涯路’此第一境也；‘衣带渐宽终不悔，为伊消得人憔悴’此第二境也；‘众里寻他千百度，蓦然回首，那人却在灯火阑珊处’此第三境也。”王国维先生以词来譬喻成大事业、大学业的三种境界，独出心裁，虽然所表达和原词意思或有出入，也无大碍吧！

这第一境是：繁华落尽，独立高楼，天涯茫茫。我们想那该是孤独、茫然，不知何所之、何所往的人生况味！

那第二境是：黾勉从事，衣带渐宽，为伊消瘦。那是在找到了奋斗的目标后，一往直前，义无反顾的狂热！

第三境是：寻寻觅觅，蓦然惊觉，发现了！必须忍受孤独、煎熬，我们才能发现，发现所探求的问题的答案。

物理上有一个很重要的原理——阿基米德原理。由于这个原理是阿基米德发明的，所以以他的名字命名。这是一个有关液体浮力的定律，阿基米德在发现这个定律之前，百思不得。有一次他放了太多的洗澡水，人一进澡盆，水就溢了出来，他恍然大悟，跳出了澡盆，大喊着：“发现了！发现了！”那一份狂喜，真不可言喻。

自省——不断地自我反省，是一个人在学习过程中，能够不断进步的重要因素。事实上，如果我们能自觉、自省，周围的事事物物，都能够帮助我们学习。油滑的柏油路面上，有一条小裂缝，一棵小草从那细小的裂缝里冒出来，那么细的身子，挺立着，随风款摆，活得又精神又快乐。人秉受生命就该精神、快乐地活，不是吗？

在孔子看来，各色人等，不管贤、不贤，全都有助于他，子贡说：“我的老师到处都可学，却没有一定的老师。”【《子张》篇：卫公孙朝问于子贡曰：“仲尼焉学？”子贡曰：“文武之道，未坠于地，在人！贤者识其大者，不贤者识其小者，莫不有文武之道焉。夫子焉不学！而亦何常师之有！”】看来子贡是很了解他的老师的。

“蛛丝闪夕霁，随处有诗情。”午后一阵雨，停了，迎着夕照，蜘蛛丝上的小水滴像一颗颗碎钻，闪着斑斓的光束。对了，古代西方有这样一个故事：英国苏格兰王被英格兰王打败了，一败涂地，无路可走。他躲在个茅屋里，心想：这下完了！这时，他看见一只蜘蛛在结网，每次失败后又会重新再结，他很感动，立刻集合残部，继续奋勇作战，终于赶走了英格兰人，收复失地。看来周围的一切事物，的确经常临照我们，使我们清醒。

子曰：“由，诲女【“女”，读作“汝”，现在我们说“你”。】知之乎？知之为知之，不知为不知，是知也。”（《为政》）

孔子说：“由，我教你的你都能知道吗？你知道的就说知道，不知道的就说不知道，这就是真正的知道。”

子曰：“盖有不知而作之者，我无是也。多闻，择其善者而从之，多见而识之，知之次也。”⑧（《述而》）

孔子说：“世上似乎有一种人，自己明明没什么知识，却偏偏装作很有知识似的。我没这个毛病。一个人多听，多看而牢记在心里，那也就接近‘知’了！”

希腊神庙发出了神谶（神的预言）说：苏格拉底是全希腊最聪明的人。苏格拉底知道后，觉得很莫名其妙：我并不聪明呀！可是神是不会骗人的！这其中一定有它的道理。

苏格拉底于是去找政治家、大商人等那些他以为最聪明的人谈话，结果他发现了神说他是最聪明的人的理由：全希腊只有苏格拉底以为自己不聪明，所以神赞许他最聪明！

人常常强不知以为知，我们要学习的是：知不足——知道什么是我们所不知道的。

考试前的总复习，老师问：有问题吗？同学们有的瞄一眼书，有的快速地翻一遍书……问题？问题在哪儿？在考卷上！演算一道数学，一张张草稿纸被揉烂了，真烦死人了！解不出来，是够烦的，可是比那不知从何下手的（一部十七史，从何说起），要强多了。

若是以王国维先生所谓的学习境界来说：烦，不知从何下手，是第一境；茫无头绪，烦，解不了题，是第二境；柳暗花明就在眼前，是第三境！现在我们能够懂得为什么愈有学问的人愈谦虚了。问学的结果是：它使我们知道，我们不知道的事情到底有多少！

一个人知道他不懂的事情尚多，自然就不会自骄自矜。所以古人说："知不足，然后足。"孔子能免除强不知以为知的毛病，但平常人却常犯这个毛病。因为人都有虚荣心，怎样破除这种虚荣的念头，正是我们要学习的！孔子要告诉子路的，也正是这一点。

子曰："学而不思则罔，思而不学则殆。"【《礼记·少仪》：衣服在躬而不知其名为罔。郑注：罔，犹罔罔，无知貌。王引之《经义述闻》：何休襄四年《公羊传》注："殆，疑也。"】(《为政》)

孔子说："勤求学问而不用心思索，那还是茫茫然无所知的；只是挖空心思去想，却不勤求学问，还是会疑难丛生得不到确实的知识。"

子曰："赐也，女以予为多学【多学，就是多闻、多见。】而识【zhì，记也。】之者与？"对曰："然，非与？"曰："非也！予一以贯之。"(《卫灵公》)

孔子说："赐呀！你以为我只是多闻多见，并且把所见所闻的都默记在心里吗？”子贡回答说：“我是这么想的，难道不是吗？”孔子说：“我做学问，并不是只靠博闻强识，而是总用一个中心事物来统摄所见所闻。”

《论语·里仁》：“参乎，吾道一以贯之。”也有“一以贯之”的话，但《里仁》篇的“一以贯之”和这里所引《卫灵公》篇的并不同。《里仁》篇的“一以贯之”，是孔子说他的道理用一个中心思想就可以贯穿，这个中心思想就是曾子所谓的“忠恕”，是孔子所有思想的核心，是永不变更的。

这里的“予一以贯之”，是孔子在讲他平日做学问的方法，这个“一”，是他求知识时最注意的事情。博闻强识的结果，脑海中可能是一团驳杂，但若心中有主旨，知道自己最应注意的事是什么，并使之贯穿始终，这种毛病就能避免。心中最注意的事物，此时也许是“为仁”，他时也许是“孝悌”，是因时而变的。孔子答子贡以“非也”，当不是“非”多学的，而只是“非”一个人博闻强识之余，不能贯通所见所闻——学而不思，所得只是些片段的记忆。

如果我们能用心思把所学条贯、理论，那么“多闻多见而识之”自然是最有益的事情。“学而不思”，“学”等于“多闻多见而识之”，“思”等于“一以贯之”，这个“思”，是学的一部分，是学习过程中的一个重要方法。比如我们学英文，背生字、背动词变化，甚至背文法，如果只用头脑去背，而不用头脑去整理、贯通这些强背的东西，比如利用所知的生字、文法造句，以活用这些死知识，那么脑子虽然塞得满满的，却依然茫然无知，依然抓不住学英文的窍门，当然会背得很苦却成效不佳。

“思而不学”和“学而不思”，这两句话中的“思”字并不同。“学而不思”的“思”是学的一种方法，包括在学的范围内；“思而不学”的“思”是和学相对的，并不包括在学的范围内。

我们常常看到有的同学，整天想当科学家、发明家，他们自命是天才，觉得上课对他们来说是浪费生命，整天空想，好高骛远，眼高手低，结果一事无成，空自蹉跎。所以孔子说“终日不食、终夜不寝，以思、无益，不如学也！”(《卫灵公》)

当然，我们现在所接受的知识，大半是古人智慧的结晶，这差不多都是由“思”创造出来的，凭空思索以创造发明，自然比多学多思以撷取前人成果难得多，孔子也说他“好古，敏以求之者也”(《述而》)。当然，我们可能要说：爱迪生所受的学校教育很少，他却成了伟大的发明家，但是不要忘了，他的母亲从旁教了他一些最基本的知识，以此为基础，他才更上层楼的。我们也常听人说某人无师自通，但无师并不是不学，学习是达通的必经之路。

爱迪生可以称得是“上知”了，基础知识在他后来的发明过程中仍发挥了力量。作为一个中人（在这个世界上“上知”到底不多吧！），如果不学习只终日空想，结果必然徒劳无功！“生而知之”的“上知”，自可以“思索生智”(《管子·内业》)。

孔子认为自己不是生而知之者，所以他黾勉向学，这是自觉，所以他提出来告诉他的学生。也许是由于人类过分自尊的关系——从某一方面说：人类自尊到自封为“万物之灵”！

人常犯一种毛病：漠视旁人！由于这种毛病作祟，许多人宁愿空想也不肯学习。我们要说：即便是天才，如果能多闻多见，把前人的道理都学了，并能以此为基础，别出新意、自出机杼，那么功夫就不致白费，而所见所闻越博、知识越广，思考的能力也就越强。想来，天才也得要学习吧！忽然想起杜甫的诗：不薄今人爱古人，转益多师是汝师！好个“转益”！

子曰：“温故而知新，可以为师矣。”（《为政》）

孔子说：“温习已经学过的东西，并求知道新的知识，也就可以为人师了。”

这是孔子告诉弟子学习的方法，这是很实在可行的方法。我们到沙滩上去，两手捧着满满的细沙，不一会儿工夫，沙子就从指缝溜下去了，一颗也没剩！如果我们在学习的过程中，随学随忘，或者学过了就算了，那充其量不过是知识的中转站或是存陈货的老仓库。

“温故”一方面可以“无忘其所能”，另一方面，也可能得到新的意念、新的发现。塘水之所以清澈，是由于有源源不绝的活水，人必须不断接受新知，才不致陈腐。接受新知使人“知其所亡”，【《子张》篇：子夏曰：“日知其所亡，月无忘其所能，可谓好学也已矣。”皇疏：“亡，无也。”“月无忘其所能”的“无”，音义同“勿”，禁止，我们说“不要”。】人生的境界就会日日新，并止于至善。“温故”必须以“知新”为继，否则就如不断反刍而不上新料，成长是极有限的；“知新”必须以“温故”留存，否则随取随丢，无所进益。

子曰：“有教无类。”(《卫灵公》)

孔子说：“老师施教，求教者无论是来自贫或富，还是贵或贱的家庭，都要一体施教。”

孔子体认到学的重要，所以才发出这种宏愿。孔子这话可能还包含另一层意思：只要施教，那么人就都能变好，都能自立，而不再有贤愚善恶的区别。这是孔子对人、对教育强烈的信心——不管人的生活面是光明还是黑暗，前途都是光明的，而教育是光明之钮。

孔子最恨“一群人整天在一起，没有半句正经话，好卖弄小聪明。”【《卫灵公》篇：子曰：“群居终日，言不及义，好行小慧，难矣哉！”郑注：小慧，谓小小之才知。难矣哉，言无所成。】还有“整天吃饱饭，半点心思也不用。”【《阳货》篇：子曰：“饱食终日，无所用心，难矣哉！不有博弈者乎？为之，犹贤乎已！”博，《说文》作“簙”，是古代一种戏术，今不得其详。弈，是围棋的专名。】孔子对这种人恨极了，说他们“难矣哉”！当然，这种人不会有半点成就。

子曰：“自行束脩以上，吾未尝无诲焉。”【脩，干肉。古人以十脡为一束，束脩，是十脡干肉。（五条干肉做一束，每条于中间受束处屈为两脡，脡音tǐng。）古人行相见礼的时候，束脩是一种很普通的礼物。（见毛子水先生《论语今注今译》）】（《述而》）

孔子说：“凡是拿了薄礼来求教的，我没有不教他的。”

互乡难与言。童子见，门人惑。子曰：“与其进也，不与其退也。唯，何甚！人洁己以进，与其洁也，不保其往也。”【郑注：互乡，乡名也。朱注：疑此章有错简。“人洁”至“往也”十四字，当在“与其进也”之前。译文从朱注。】（《述而》）

互乡人是出了名的难说话。孔子接见了一个从互乡来的少年，弟子觉得很不解。孔子说：“一个人自己有心学好他才会来，我们只是赞许他要学好的心，至于他过去怎么样我们不必管，我们要帮助他上进，不该让他自甘堕落！”

当我们有能力帮助别人时，我们绝不能袖手旁观。要知道“莫以善小而不为”！当我们看见一个小朋友在雨中踽踽独行，雨水湿透了他的衣裳，我们可以用伞为他遮一遮，送他一程，甚至送他到家，这在我们不算什么，但这一遮却替小朋友遮住了漫天风雨，使他感到人的可亲，也许一颗小小的爱苗就这么播了下去。老师是与人为善的，孔子恨那些无所用心的家伙，可是一个人只要想求上进，孔子是会既往不咎的，这也是他在实践“有教无类”的实际行动吧！

子曰：“予欲无言。”子贡曰：“子如不言，则小子何述焉？”子曰：“天何言哉！四时行焉，百物生焉。天何言哉？”【《说文》：述，循也。刘疏：“夫子本以身教，恐弟子徒以言求之，故欲无言以发弟子之悟也。”】(《阳货》)

孔子说：“我想不说话了！”子贡说：“老师如果不说话，那我们遵循什么？”孔子说：“天何曾说了什么！但四时运行，万物化生。天何曾说了什么？”

我们常听人说：言教不如身教。孔子的话，虽然可能是偶有所感而发，但亦可见出孔子重视身教的意思。

陈亢背后向伯鱼打听：“子亦有异闻乎？”伯鱼的回答让他了解了：《诗》、《礼》的重要，更让他了解到：夫子的无私。这种人格感召的力量，应该比什么言语训诲都来得有力量。

孔子自己也对弟子说："我对你们什么也不隐瞒！"【《述而》篇：子曰："二三子以我为隐乎？吾无隐乎尔！吾无行而不与二三子者，是丘也。"这章的意思，我们不十分明白，不过，孔子表明他无所隐瞒，这个意思，我们还可以看出的。】这种坦荡荡的作风，自然叫人肃然起敬。

司马光说他生平"事无不可对人言"，这种君子作风，怎能不令人敬服，而生风行草偃之效。《易经》上说："天行健，君子以自强不息。"如果我们能从自然永不休止的运行中体悟自强不息的意义，那就是自然给我们最宝贵的"身教"。

哀公问："弟子孰为好学？"孔子对曰："有颜回者好学，不迁怒，不贰过。不幸短命死矣！今也则未闻好学者也。"⑨（《雍也》）

哀公问："你的弟子中谁最好学？"孔子回答说："有个叫颜回的最好学，他从不把气出在别人身上，同样的过失，他绝不会犯第二次。可惜他短命死了！现在就没有听见有这样好学的了。"

子曰："君子食无求饱，居无求安，敏于事而慎于言，就有道而正焉，可谓好学也已矣。"⑩（《学而》）

孔子说："君子能不以饱食、安居为人生目标，应该努力做该做的事并言语谨慎，多向有道德的人请教，这样，就可以说是好学了。"

子曰："贤哉回也！一箪【dān，竹器，可以用来盛饭。】食【sì，义同"饭"。】，一瓢【瓢，义同"瓠"，可以用来盛水。】饮，在陋巷，人不堪其忧，回也不改其乐。贤哉回也！"（《雍也》）

孔子说："真贤呀颜回！一碗饭，一碗水，住在简陋的小屋里，这种生活，别人一定忧虑受不了，而颜回却能自得其乐。真贤呀颜回！"

子夏曰："贤贤易色，事父母能竭其力，事君能致其身，与朋友交，言而有信。虽曰'未学'，吾必谓之'学矣'！"[11]（《学而》）

子夏说："一个人能够好德如好色，侍奉父母能竭尽心力，对国君能奉身尽职，和朋友交往能诚信不欺。这样的人，虽没有读过什么书，我一定说他已经有学问了。"

孔子赞美颜回，赞许他"好学"，是因为他安贫乐道、不迁怒、不贰过的德行修养。孔子以为君子应当有正确的人生目标，在言行方面要努力修为，并且亲近圣贤君子多方请教，这才是好学。子夏传述孔子的思想，以为学乃是尽力于德行修养。

显然孔门中的学，是以德行的培养、训练为主的。今天我们的教育目标虽在德、智、体、群四育并重，但实际上偏重于知识的传授。孔子难道只重视道德的培养而全不讲求书本的知识吗？

子曰："弟子，入则孝，出则弟，谨而信，泛爱众，而亲仁。行有余力，则以学文。"⑫（《学而》）

孔子说："作为一个学生，在家应该孝顺父母，在外要尊敬兄长，一切言行都应该谨慎诚信；爱所有的人并特别亲近仁者。在实践这些德行之外，还有余力的话，再用功于书本。"

子以四教：文、行、忠、信。（《述而》）

孔子以这四件事教学生：古代传下来的典籍、德行、忠恕、诚信。

这"行有余力"四字最要留意。孔子的意思，并不是说一个人在孝、悌、谨、信、爱众、亲仁等德行都做到了后，再用余力去追求书上的知识。若果真如此，我们将永无余力来学文，因为孝悌谨信等德行都须终身奉行，更没有说做得够好的道理，因为好了还有更好。更何况躬行、学文，两不相妨，修习先后，难以执一。至于“余力”二字，不可以辞害意。我们看孔子所谓的“好学”，都是从德行的修养上讲的，所以我们可以说孔子话里的“余力”，只是表示行比文重要。

“子以四教”的“文”当是“则以学文”的“文”，“行”当是“行有余力”的“行”。忠信，似是“行”所当实行的。所以，严格说起来，孔子恐怕只以文和行教诲弟子。当然，孔子的弟子练习御——驾车、射——射猎，自不在话下，因为射、御是当时人人都得会的，这可能好比开发时期的美国人差不多都会骑马、赶车和放枪吧！

“子以四教”章，恐不是资质高明的弟子所记的，后人把文、行、忠、信附会为“四科”，更是牵强。好了，现在我们知道：孔子开课，主要从人格培养、德行讲求上着手，期能教诲出品德良好的弟子。

另一方面，孔子也用古代流传下来的典籍来讲课。孔子用什么课本呢？在《论语》里没有提到过《春秋》，孔子喜欢唱歌，在音乐方面很在行，有关音乐的理论也说得头头是道[13]，所以孔子必重视乐；礼是孔子所最重视的，不过我们想，孔子和弟子讲、习礼，当然慢慢地会衍成许多规范，但笔之于书，当是后来的事儿。

《论语》里只有一处提到《易》：

子曰："加我数年，五十以学《易》，可以无大过矣！"（《述而》）

孔子这话，文理颇不顺。龚元玠《十三经客难》："先儒句读未明，当'五'一读，'十'一读，言或五或十：以所加年言。"《释文》："学易，如字。鲁读'易'为'亦'，今从古。"现在所有《论语》的版本都作"五十以学易"，但是从《鲁论》作"亦"，"亦"字连下读，这话文理才顺。

总之，《论语》里唯一提到"易"的一处，还有许多疑难问题存在。所以如果我们硬说孔子"晚而喜易"（见《孔子世家》），甚或讲《易》或整理《易》，是未免大胆了些。

《书经》是古代公文的集合本（好比每年青年节等特别日子，有政府文告），从其中可以知古鉴今，懂得政治的道理，孔子取以为教科本，是很自然的。《论语》里孔子也引《书》——《论语》里只称《诗》、《书》，《诗经》、《书经》的名是较晚才有的——以为说，【《为政》篇：或谓孔子曰："子奚不为政？"子曰："《书》云：'孝乎唯孝，友于兄弟。'施于有政，是亦为政！奚其为为政？"】孔子的学生也以《书》中的话，来向孔子发问，【《宪问》篇：子张曰："《书》云，'高宗谅阴，三年不言。'何谓也？"子曰："何必高宗？古之人皆然！君薨，百官总己以听于冢宰，三年。"】而"孔子在诵《诗》读《书》时，不用方言；赞《礼》的时候，亦都不用俗音。"【《述而》篇："子所雅言，《诗》、《书》、

执《礼》，皆雅言也。”雅，正也。】

孔子对《诗》特别重视，我们从伯鱼回答陈亢的话（见《季氏》篇）中，也可以深深体会到这一点。由于孔子特别重视《诗》，所以有关《诗》的谈话记载也特别多：

子谓伯鱼曰：“女为周南、召南矣乎？人而不为周南、召南，其犹正墙面而立也与！”【朱注：“为，犹学也。正墙面而立，言即其至近之地，而一物无所见，一步不可行。”“人而不为”的“而”意同“如”。】(《阳货》)

孔子对伯鱼说：“你学过《周南》、《召南》了吗？一个人如果不学《周南》、《召南》，那就像向着墙壁站着，什么也看不见，一步也走不通。”

子曰：“小子【包曰：“小子，门人也。”】，何莫学夫《诗》？诗，可以兴，可以观，可以群，可以怨。迩之事父，远之事君，多识于鸟兽草木之名。”(《阳货》)

孔子说：“小子们，为什么不学《诗》？《诗》，可以感发志意，可以观察盛衰，可以学得和人相处的道理，可以学得疾恶刺邪的态度。近可以学着服侍父母，远可以学着服侍君上，还可以认识许多鸟兽草木的名字。”

子曰："《诗》三百，一言以蔽之，曰：'思无邪'！"[14]（《为政》）

孔子说："《诗经》三百篇，一句话可以概括，那就是'思无邪'！"

子曰："诵《诗》三百，授之以政，不达；使于四方，不能专对；虽多，亦奚以为！"【朱注：专，独也。】（《子路》）

孔子说："念了《诗经》，把政事交给他，做不通；派他到外国办事，不能单独应对。学得虽多，又有什么用处！"

子曰："《关雎》【《诗经》的首篇】，乐而不淫【淫，太过】，哀而不伤。"（《八佾》）

孔子说："《关雎》的乐章，使人快乐却不至太过疯狂，使人悲哀却不至伤神。"

《周南》是《诗经》上从《关雎》到《麟趾》等十一篇诗，《召南》是《鹊巢》到《驺虞》等十四篇诗，孔子称"二南"，也许指十五国风，当然更可能指整部《诗经》。从孔子的谈话，我们可以体会出他的重视诗教。

我们现在读《诗经》，经常把它作为文学作品来品味，学者们则把它当语言学、社会学、甚至政治学的材料来处理。在孔子眼中《诗》却另具功能：《诗》，是伦理、政治、语言教科书，甚至是动植物学的教科书。关于孔子“诵诗三百，授之以政”的话，我们必须特别说说。

孔子重视诗三百，除了是站在伦理教育的观点上外，更重要的是从政治人才的培养方面着眼。我们说过：孔子反对职位世袭的制度，培养政治人才自是孔子所希望的，何况实现天下太平的理想，也需要大批政治高手来推动，而《诗》教有助于政治人才的培养。

我们现在说话，用个成语，引经据典，是很普遍的现象，而古代读书人则喜欢引《诗》或《书》——特别是《诗》，以助长语势或完足语意，这种现象，影响到了政治场合、外交应对，而且蔚然成风。

我们知道：所谓外交辞令，自然以语意暧昧、模棱、不足为外人道为上，在这种情形下，赋《诗》以喻义、甚至断章取义亦所常见，我们看《左传》上所载许多盟会（当时的国际会议）时，各盟主间的谈话，真个是哑巴吃汤团——心里有数！而旁人则真一头雾水。所以孔子要说：“不学《诗》，无以言！”

对方赋《诗》喻义，若连对方的心意都摸不透，如何作答，应对？还能开口说话吗？不学《诗》，真个是有口难言了。所以孔子要说："读了许多诗，出使国外，却不能单独应对；多，又有什么用！"

我们看孔门弟子们自己的统计表，德行：颜渊、闵子骞、冉伯牛、仲弓。言语：宰我、子贡。政事：冉有、季路。文学：子游、子夏。（《先进》）言语和德行、政事、文学并列，可见孔门中对言语的重视，而不管德行、言语、政事、文学，哪一方面人才的训练，《诗》都能发挥作用。另一点，我们要了解的是：《诗经》原来都是可以唱或可以演奏的，而我们现在看到的《诗经》，只是词，就像现在歌曲的歌词，至于乐谱已经失散不传了。

孔子"《关雎》，乐而不淫"及"雅颂各得其所"（《子罕》）的谈话，恐怕都是就《诗经》乐的方面而发言的。说到这里，我们可以了解孔子一再告诫他的儿子学《诗》的道理了，而从孔子的叮咛中，我们更可见出孔子重视诗三百了。

子路问："闻斯行诸？"子曰："有父兄在，如之何其闻斯行之！"冉有问："闻斯行诸？"子曰："闻斯行之！"公西华曰："由也问'闻斯行诸'，子曰'有父兄在'；求也问'闻斯行诸'，子曰'闻斯行之'。赤也惑！敢问。"子曰："求也退，故进之；由也兼人，故退之。"【朱注：兼人，谓胜人也。】（《先进》）

子路问："一个人听到一件应当做的事儿是不是要立刻去

做？”孔子说：“有父亲兄长在，怎么可以听到就做呢！”冉有问：“一个人听到一件应当做的事是不是要立刻去做？”孔子说：“听到就立刻做！”公西华说：“仲由问‘是不是听到就做’，老师说‘有父兄在’；冉求问‘是不是听到就做’，老师说‘听到就做’。弟子实在不明白，想请教老师。”孔子说：“冉求生性畏缩，所以要推推他；仲由勇气过人，所以我要压压他。”

在孔门的弟子中，子路是个性最鲜明的一位。在《论语·阳货》里载有子路发“君子尚勇乎？”（君子以勇为贵吗？）的问题，在这里很能看出子路的心态，难怪孔子也不得不叹：“由也，好勇过我。”（《公冶长》）子路果决【《雍也》篇：季康子问：“仲由可使从政也与？”子曰：“由也果，于从政乎何有！”】，要做便做，想说就说。有一次子路问孔子：“卫国国君等老师去替他办政事，老师打算先做什么？”孔子说：“那我一定先纠正一切不当的名！”子路说：“老师怎么迂阔到这个地步！这有什么好纠正的！”【《子路》篇：子路曰：“卫君待子而为政，子将奚先？”子曰：“必也正名乎！”子路曰：“有是哉，子之迂也！奚其正？”正名，马曰：正百事之名。】

根据《史记·仲尼弟子列传》的记载，子路只比孔子小九岁，由于年龄的接近，当然另一方面也是由于孔子的开明，子路才会近乎放肆地批评孔子“迂”！在孔子的弟子中，颜路（颜回的父亲）的年龄和孔子不会相差太多，但从《论语》的记载来看，只有子路敢这么对孔子说话，这不能不归因于他的性格。

子路的个性相当不服输，孔子夸颜渊几句，他就沉不住气，要说说自己的想法[15]。在《公冶长》篇和《先进》篇，都有“各言其志”的记载，我们看两次都是子路“率尔”发言，他这种勇气过人的性格表露无遗。当然，事情如果从不同角度立论，就会出现不同的看法。

子路的性格虽然毛躁，但这种性格，也使他一听到什么道理，便要力行，这种力行的举止，也不是常人能及的。【《公冶长》篇：“子路，有闻未之能行，唯恐有闻。”“子路这个人，在他所听到的道理还没做到时，最怕又听到什么新道理。”“唯恐有闻”的“有”，音义同“又”。】我们看《微子》篇子路遇丈人以杖荷蓧章的记载：在丈人的一顿教训后，子路居然“拱而立”，真是粗中也有细。难怪孔子说他“升堂矣，未入于室也”。(《先进》) 子路的为人可以说是大醇而小疵，孔子看透了他的毛病，所以有机会就要压压他。

有一次冉求说：“不是不喜欢老师的道理，只是能力不够。”孔子说：“能力不够的人，是在做的中途力尽而止的，你现在是画地自限，自己停在那里不做。”【《雍也》篇：冉求曰：“非不说子之道，力不足也。”子曰：“力不足者，中道而废。今女画。”说，音义同“悦”。中道，是半途。废，是止。画，有“画地自限”的意思。】从这个记载，可以见出冉求畏缩的个性，孔子了解他的毛病，所以对症下药，希望推推他。

现在的学生，多少有一种怨叹：总觉老师不够了解我们。为人师表的，在读了《论语》这些记载后，不能不遥思孔子当年三千门徒，而老夫子对门下弟子知之如此深刻，并且因材施教，发挥教育最大的功能。宜乎！后世尊为“万世师表”！

① 《雍也》篇：子谓仲弓曰：“犁牛之子骍且角，虽欲勿用，山川其舍诸？”犁牛，指耕牛。根据《礼记·祭义》的记载，古代天子诸侯必有养兽之官，祭祀时所用的祭牲，必于是取之，骍，音 xīng，赤色也。角，指头角方正。其，同“岂”。诸，是之乎的合音。

② 女，音义同“汝”。六言指仁、知、信、直、勇、刚六事。六蔽指愚、荡、贼、绞、乱、狂。朱注：礼，君子问更端，则起而对。故孔子谕子路，使还坐而告之。

③ 现在传世的《论语》版本，在上句“人”字下都有“以上”二字。这两个字，当不是原始经文所有的。不知什么时代，有个不通文理的人加上这二字以和下句“中人以下”相对称。孔子似把人的资质分为上、中、下三等，把大多数的人作为中等，上等和下等的人（所谓“上知”和“下愚”便比较少了。中等资质的人如果教育得好，可以移向上等；至于中等以下的人（就是下等资质人），是不能移到上等的。因为照孔子的意思，“上知”和“下愚”，都是不可移的（不受环境和教育的影响）。（见毛子水先生《论语今注今译》）语，音 yù，告也，以言语告人而诱之为善。

④ 包曰:“篑，土笼也，此劝人进于道德也。为山者其功虽已多，未成一笼而中道止者，我不以前功多而善之也。见其志不遂，故不与也。”皇疏:“此奖人始为善而不住者也。譬如平地作山：山乃须多土，而始覆一笼；一笼虽少，交（意同后世的‘却’字）是其有欲进之心可嘉。如人始为善，善乃未多，交求进之志可重；吾不以其功少而不善之，善之有胜于垂成而止者。故云吾往也。”这章以“为山”为喻，来劝人进德修业。“譬如为山”四字，是总贯全章的。“譬如平地”四字，则不知后来为何人所妄加。“虽覆一篑”上接“譬如为山”，跟“未成一篑”相对成文。现在各种版本的《论语》都有“譬如平地”四字，所以我们加括号记出。（参毛子水先生《论语今注今译》）

⑤ 《庄子·知北游》：东郭子问于庄子曰:“所谓道，恶乎在？”庄子曰:“无所不在。”东郭子曰:“期而后可。”庄子曰:“在蝼蚁。”曰:“何其下邪！”曰:“在稊稗。”曰:“何其愈下邪！”曰:“在瓦甓。”曰:“何其愈甚邪！”曰:“在屎溺。”东郭子不应。按：恶，音 wū，何也；“恶乎在”就是“在哪里？”期，必也。东郭子要庄子的肯定答复。蝼蚁，蝼蛄、蚂蚁，有知而微小的生物。稊稗（tí bài），小米和稗，稊稗，是无智却有生的物。甓，音 pì，砖也，瓦甓，无生而有形。屎溺，有形而臭腐。庄子所谓的道和儒家所说的道虽然不相干，但是“道无所不在”的道理，却是不可易的。

⑥ 《说文》：愤，懑也。启，教也。清朝朱骏声《说文通训

定声》以悱是悲的或体。并说：按《论语》不悱不发，悱亦怅恨之意。愤近于怒，悱近于怨，自怨自艾也。“举一隅而示之”依皇本、正平本，朱注本没有“而示之”三字。

⑦ 此处的“三人”，指多数人，不必一定是三人。钱坫《论语后录》：“子产曰：‘其所善者吾则行之，其所恶者吾则改之，是吾师也。’此云善、不善，当作是解，非谓三人中有善不善也。”按：子产的话见《左传·襄公三十一年》。

⑧ 作，伪装、装作也。“择其善者而从之”七个字，是“三人行必有我师焉”章的文句而错入这章的。这章必须删去这七个字，全章的旨趣才会完全显明！译文里没有把这七字译出。（见毛子水先生《论语今注今译》）

⑨ 好，音hào，爱好也。朱注：“迁，移也。贰，复也。怒于甲者，不移于乙；过于前者，不复于后。颜子克己之功至于如此，可谓真好学矣。”现行《论语》版本“则”下有“亡”字。《群经平议》：此与《先进》篇语有详略，因涉彼文而误衍“亡”字。既云“亡”，又云“未闻好学”，于辞复矣！《释文》云：“本或无亡字”，当据以订正。

⑩ “食无求饱，居无求安”，郑曰：“学者之志有所不逮也。”这是说：不以饱食、安居为志向，不专求饱食、安居。敏事，是说勤勉于应行的事（应行的德行）。孔曰：“有道者，谓有道德者也；正，谓问事是非也。”

⑪ 刘疏：“宋氏翔凤《朴学斋札记》：‘三代之学，皆明人

伦，贤贤易色，明夫妇之伦也。’今案夫妇为人伦之始，故此文叙于事父母、事君之前。《汉书·李寻传》引此文。颜师古注：‘易色，经略于色，不贵之也。’又《广雅·释言》：易，如也。王氏念孙疏证引之云：‘论语贤贤易色，易者，如也，犹言好德如好色也。’”按：“好德如好色”见《子罕》篇及《卫灵公》篇。事君能致其身：孔曰：“尽忠节不爱其身。”

⑫ “出则弟”的“弟”，音义同“悌”，善事兄长叫悌。泛，普遍。仁，指仁者。文，本指文字，这里指文字记载的知识，一说是指书本。在孔子的时代，读书人所读的书本，以《诗（经）》和《书（经）》为最重要。

⑬ 《八佾》篇：子语鲁大师乐。曰：“乐其可知也。始作，翕如上；从之，纯如也，皦如也，绎如也；以成。”我们现在听不到古乐，当然不容易懂得这章的话，但是孔子和对音乐十分内行的大师（古代的乐官）论乐章的结构，可见孔子音乐知识的丰富。

⑭ 朱注：“蔽，犹盖也。”“思无邪”，是《诗经·鲁颂·駉》的一句话。依照语序，《诗经·駉》是颂鲁僖公的。郑笺释“思无邪”：“思遵伯禽之法，专心无复邪意也。”古人引《诗》每每断章取义，我们姑不论原诗怎么讲，孔子引用这句诗，总有“用心不违于正道”或“心里不生邪念”的意思。

⑮ 《述而》篇：子谓颜渊曰：“用之则行，舍之则藏，唯我与尔有是夫。”子路曰：“子行三军则谁与？”孔子对颜渊说：“人

家要用我，我就出来做事；人家不用我，我就不出来。这种乐天的态度，只有我和你有罢！”子路说：“如果老师要行军用兵，又和谁一块呢？”

第三章

孝悌——仁之本

子游问孝。子曰:“今之孝者，是谓能养。至于犬马，皆能有养；不敬，何以别乎？”

——《论语·为政》

孝是孝顺父母，悌是尊敬兄长。“悌”本写作“弟”，本义指兄弟，引申为“尊敬兄长”的意思，后来才有一个专字“悌”，不过，古书里用“弟”作“尊敬兄长”讲的很多。由于孝可以包含悌义，能孝自然能悌，所以我们经常说“孝”而不及于“悌”。孝，是中华文明的精髓，是一切德行的根本。古人说：“以孝治天下”、“忠臣必出于孝子之门”，孝是君臣士庶所共遵行的至德。

有子曰：“其为人也孝弟而好犯上者，鲜矣！不好犯上而好作乱者，未之有也。君子务本，本立而道生。孝弟也者，其为仁之本与！”[①]（《学而》）

有子说：“一个孝顺父母、尊敬兄长的人，好冒犯君上，是极少的；不好冒犯君上而好作乱，是没有的。一个有心世道的君子，致力于根本的事情，根本的事情做好了，世界自然就会太平。孝悌，应该就是仁的根本吧！”

程子说：“孝弟，顺德也。”【见朱引注】一个人能孝悌，心情自然会和顺，自然就不会做出犯上、作乱那一类悖逆、争斗的事情。政治上没有乱臣贼子，天下自然太平，所以要天下太平，就得提倡孝悌之道，以期家家孝悌、人人和顺。

孟懿子问孝。子曰："无违！"樊迟御，子告之曰："孟孙问孝于我，我对曰'无违'。"樊迟曰："何谓也？"子曰："生，事之以礼；死，葬之以礼，祭之以礼。"② (《为政》)

孟懿子问孝。孔子回答说："不要违逆！"樊迟替孔子赶车。孔子告诉他说："孟孙曾向我问孝，我回答说'不要违逆'。"樊迟说："这是什么意思呢？"孔子说："父母在世时，要依礼服事他们；父母过世后，要依礼葬他们，依礼祭他们。"

孝道虽有很多说法，但以顺为主，所以"无违"是一切孝行的基础，能"无违"自然能承顺亲志、承欢亲心。但是，天下事，并不是一成不变的，道理虽然容易说：临事却并不那么容易。让我们看看《左传》的记述：

晋献公立了太子申生，并且有了重耳（后来的晋文公）和夷吾等子。有一次晋国打骊戎，骊戎献了骊姬，后来骊姬生了奚齐，她就被立为夫人，但骊姬并不满意。为了巩固自己的地位，她希望立自己的孩子为太子。于是她和朝中小人勾结，游说献公把太子申生、重耳、夷吾群公子都驱离京城，派到比较偏远的地方去驻守，并且常挑拨他们父子间的感情，达成废长立幼、立奚齐为太子的目的。

骊姬还和小人定下毒计：骊姬对申生说："国君梦见你母亲，你一定要赶快祭祭！"当时申生的母亲已经去世了，申生立刻回到自己派驻的宗庙所在地曲沃祭拜。拜过后把祭肉和祭酒送到京城呈给父亲——这是古代的礼节。可这时，偏偏献公去打猎了。（这一切都在骊姬的算计之中！）

骊姬把酒肉放了六天，（天呀！）献公回来了，她往肉里下了毒后呈了上去，献公用酒祭地，（我们现在拜完后，不也把酒洒一点在地上吗！）泥巴地隆起来了，（有毒嘛！）给狗吃，狗死了！给小臣吃，小臣也死了！（倒霉！）骊姬哭了："祸害来自太子！"（恶人先告状！）献公火大了！（糊涂呀！）申生怕了，跑回驻地曲沃，献公杀了申生的老师杜原款消气。（冤！杜原款！）

有人劝太子说："你要把事情和国君说清楚，国君一定会调查真相的。"申生说："父王如果失去了姬氏，一定居不安，食不饱。我去诉说，姬一定有罪，父王年纪大了，（可不是！）做儿子的不能让他开心，又怎能夺他所爱！"

"那么你快逃吧！"申生说："父王没有明察这件事，我担了个杀父的罪名逃，谁会收容我？"辩也不成，逃又无路，唉！申生在曲沃上了吊！顺了父亲和骊姬的意。申生一死，骊姬就不怕什么了，说："群公子都知道这回事！"想一网打尽。重耳、夷吾可没死！他们都跑了。

二十年后，重耳回到故国，重振晋威，成为后人所谓的春秋五霸之一——晋文公。史家对这个事件记了一笔：“晋侯杀其世子申生！”申生为了顺父之意，甘把生命献了出去，但却使父亲背了杀子的恶名，所以后代史家称申生为“恭世子”，而不以“孝”许他！孔子说：“小杖则受，大杖则走，不陷父于不义。”（《孔子家语》）意思是父亲若用小棍子打我们，我们就忍着，若用大棍子打我们，我们就跑。要不然打死了可怎么办！跑了可以避免父亲遭受不义的恶名。

这个故事，很值得我们深思：孝，是什么？怎么做算孝？如果只要“无违”就算孝，那天下事就不会这么纷纭了。

子曰：“事父母，几谏，见志不从，又敬而不违，劳而不怨。”③（《里仁》）

孔子说：“服侍父母，如果我们觉得父母有什么不对的地方，要婉言劝谏。如果父母不听，我们还是要尊敬父母，但也不放弃我们的意思，这样我们也许很辛苦，但我们没有怨恨。”

《礼记·乐记》：“乐也者，情之不可变者也；礼也者，理之不可易者也。乐统同，礼辨异，礼乐之说，管乎人情矣。”【郑注：管犹包也。】事实上任何事都当依乎事理、合于人情，方为合理，孝道，自不例外。以人情说，孝自以顺为德，但是如果父母有不对的地方，我们依旧顺从无违，那就是不合理的行为。

我们从孔子在颜渊死后，颜路请子之车以为之椁时的回答，可以体会出：孔子处事的合情合理。孔子虽然认为孝是“无违”，但绝不是不分是非、一味依从！既然不依，当然就是反对，即便是反对，也得合情合理。父母虽然有不是，但父母还是父母，这并不因父母有不是的地方就有所改变，既如此，就不能以待仇人、敌人、犯人的态度来对付父母，这不合情理。我们劝了，如果父母不听呢？放弃吗？做事情受点挫折就放弃，这也不合情理。

《孝经》上说：“父有争子，则身不陷于不义。故当不义，则子不可以不争于父、臣不可以不争于君。故当不义，则争之。从父之令，又焉得为孝乎！”争就是诤，是用言语劝谏。委屈从父之令，算不得孝！难怪申生不为“孝”了！

“一个人事君，态度上太过急切，就会招来侮辱；一个人交友，态度上太过急切，就会被疏远。”【《里仁》篇：子游曰：“事君数，斯辱矣。朋友数，斯疏矣。”邢疏：“此章明为臣结交，当以礼渐进也。”集解：“数，谓速数之数。”“数”就是急切的意思。】事君、交友态度上固不可急切，劝谏父母尤当微言婉谏，若操之太急，不免伤了亲子之情。

虽然孟子说：“如果国君把臣子当土当草看待，那么臣子就把国君当仇人看待。”【《孟子·离娄下》：孟子告齐宣王曰：“……君之视臣如土芥，则臣视君如寇仇。”赵岐注：“芥，草也。”焦循

《孟子正义》:“土芥谓视之如土如草，不甚爱惜也。”】虽然“如果一个人没有朋友，那么，他可以下台去。”【见《培根论文集·谈友谊》】但是友谊不可强求，也强求不来，正所谓合则来，不合则去。亲子不同！亲子关系不是登个报就能解除的，视父母如寇仇，更是匪夷所思！好了，亲子关系不容忽视，父母总是父母，而我们也有我们的看法、立场，为了求全，只好委屈。孔子既说“无违”，又说“事父母几谏”，显然孔子希望孝之为道，是合情合理的，如果因为承“无违”的教训，而弄出愚孝的行为，那实不是孔子说话的本意。

我们不得不说一句：古代流传下来的二十四孝的故事，其精神是铄古耀今的，但我们如果只袭故事而忘其精神，那就是舍本逐末。比如王祥卧冰取鲤的故事，其精神很可取，但这个事就近于荒谬！（如果说成剖冰取鲤，是比较不会引起非议的，但故事的动人精神却也打了折扣！）水可以载舟，也可以覆舟；药可以医人，也可以杀人；知识可以帮助人，但有时也能误人——如果我们不能谨慎运用！

曾子有疾，召门弟子曰:“启予足！启予手！《诗》云，‘战战兢兢，如临深渊，如履薄冰。’而今而后，吾知免夫！小子！”④(《泰伯》)

曾子病了，叫来学生们，说:“看看我的脚！看看我的手！

《诗经》上说：‘战战兢兢，好像立在深潭的旁边［就怕掉下去］，好像踏在薄冰上面［就怕陷下去］。’从今以后，我知道我是不必怕［身体受毁伤］了！”

孟武伯问孝。子曰：“父母唯其疾之忧。”【马曰：“武伯，懿子之子、仲孙彘；武，谥也。言孝子不妄为非，唯疾病然后使父母忧。”】(《为政》)

孟武伯问孝。孔子说：“一个人，如果能够使他的父母只为他的疾病而操心，那就可以算作孝了。”

《孝经·开宗明义章》：“身体发肤，受之父母，不敢毁伤，孝之始也。立身行道，扬名于后世，以显父母，孝之终也。”

《大戴礼记·曾子大孝》：“乐正子春曰：‘吾闻之曾子，曾子闻诸夫子曰：天之所生，地之所养，人为大矣。父母全而生之，子全而归之，可谓孝矣。’”

唐代的诗人李贺（790—816）作诗的情形很特别。相传他每天早晨骑了弱马出去，命小奴仆背古锦囊跟着，如果得了一句半句，就写了投进囊中，到日暮黄昏回家后，才整合成篇。这种生活，除了大醉或丧吊，从不曾间断。每次他回到家中，母亲郑夫人命侍婢查看锦囊，看见写得多，就又怜又恨地说：“我儿是要呕出心，才肯罢休了！”尼采说，一切文学我爱以血书之！每一件艺术品，对作者来说都是呕心沥血的成果，而“父母唯其疾之忧！”《诗经·邶风·凯风》：

凯风自南，吹彼棘心。棘心夭夭，母氏劬劳。

凯风自南，吹彼棘薪。母氏圣善，我无令人。

爰有寒泉，在浚之下。有子七人，母氏劳苦。

睍睆黄鸟，载好其音。有子七人，莫慰母心。⑤

幼嫩细柔的枣树芽，长成了粗壮坚实的枣树，母亲要付出多少苦心。小的时候，如果我们不满意，我们只要张开嘴扯开喉咙大哭，妈妈准忙不迭地赶来，又亲又哄又抱。渴了、饿了、湿了，果汁瓶、奶瓶、尿片。一个婴儿，母亲要为他洗多少尿片，消毒多少瓶子？我们肢体健全、头脑灵活，可知母亲操了多少心，担了多少惊？如果母亲一个没留神，我们可能把小手伸进了插头，我们可能错把墨水当果汁，我们可能弄翻开水壶，我们可能……父母给我们生命，使我们茁壮，我们不忍，也无权伤害这生命。如果我们爱父母，就从爱护自己的身体开始吧！当然人吃五谷杂粮，偶然染上疾病，也是难免，不过我们不能自己作孽，暴饮暴食，彻夜遨游，这些都不是惜生之道。父母在我们身上投注的心力，真是至矣尽矣！如果我们事事好自为之，父母自可少操些心。

子游问孝。子曰：“今之孝者，是谓能养。至于犬马，皆能有

养。不敬，何以别乎？”⑥（《为政》）

子游问孝。孔子说：“现在人的孝，只是能养父母。甚至，对于犬马，人也喂养它，如果只养而不敬，那么养犬马和养父母，还有什么不同！”

子夏问孝。子曰：“色难。有事，弟子服其劳，有酒食，先生馔，曾是以为孝乎？”⑦（《为政》）

子夏问孝。孔子说：“这和颜悦色最难。有事时，人子中年纪轻的来做。有了酒饭，让长辈吃，难道这就可以算是孝了吗？”

我们常常说物质不能代表一切，心意才是最重要的。小朋友寄给前方战士的一张卡片，学期末，同学献给老师的一束鲜花，礼虽轻，情却重。孝顺父母，不是富贵之家的专利，事实上“寒门出孝子”，我们只要尽自己的力量，侍奉父母，那就是孝。虽然是粗茶淡饭，虽然是陋居狭巷，只要拌和上敬意、孝思，就香甜、就舒坦。

母亲节，小女生献上一张“童画”，唱一首“妈妈的眼睛像星星”，哦！宝贝！《盐铁论·孝养》：“上孝养志，其次养色，其次养体。”养志！养志！不是一时半刻，那是岁岁年年，时时刻刻！莫怪孔子要说“色难”。不过，我们要记住：对待饿饭的人，都不能说："嗟来！食！"[8]何况是对生身的父母。

曾子曰："慎终追远，民德归厚矣！"【孔曰："慎终者，丧尽其哀；追远者，祭尽其敬。"】(《学而》)

曾子说："我们对亲长的丧事谨慎料理，对祖先的祭祀恭敬从事，那么风俗便自然趋向敦厚了！"

孝道多端。我们要尽孝，可以从许多方面做。比如，父母的年龄，不可不知，一方面我们为他们的年龄增加而高兴，一方面也为他们的身体衰老而担心。【《里仁》篇：子曰："父母之年，不可不知也。一则以喜，一则以惧。"郑注：见其寿考则喜，见其衰老则惧。】比如，父母在的时候，不到远方去；如果出游，必有一定的方向。【《里仁》篇：子曰："父母在，不远游；游必有方。"】没有一个子女不希望和父母永远在一起，我们见他们年龄增加自然高兴，但是再一想，年龄增加人也必衰老了些，心里自然害怕，害怕和父母没有太多共处的日子。

实在，人有一种共同的毛病，缺什么希望什么，至于眼前有的就不知珍惜。生病的人希望健康，没有父母的人渴慕亲情的关爱。可是，健康的人就不知爱护身体，甚至糟蹋身体，父母在眼前的人每每不知承欢膝下，甚至会连逆顶撞、伤父母的心。人们从历史得的教训并不多，所以历史经常重演。

"树欲静而风不止，子欲养而亲不待"的警言，并没有唤醒多少人，所以父母忧愁、子女怨怼的眼神也常出现。

我们静心想想，人生在世，没有什么比做人难的了，“近之则不孙、远之则怨”的困扰也常有的，不是吗！我们对人太亲近了，别人说我们虚伪，甚至说我们想讨便宜；较疏远吧，别人又说我们摆架子，有啥了不起！

事实上，子女要尽孝固然不易，父母要让子女满意也大不易。晚上要到外面晃荡的儿子，听到外面一声吆喝，抬脚就要走，他老妈可说话了：“带件衣服，别凉着。过马路小心呀！早点回来，我给你等门。”“好了！好了！烦不烦嘛！”儿子可不耐烦了。

见了面，外面的说话了：“你老妈真不错，挺关心你的。我就是死在外边，我老爸老妈也不会心疼。我要是你，我才不出来荡。”另一个开腔了：“我为什么不出来！我不出来我会疯，啰唆！烦不烦嘛！”父母多难呀！关心是啰唆，放任是冷淡！

有一个骑驴的笑话很有意思：有两兄弟牵着一匹驴子走在街上。哥哥骑驴，弟弟走路，旁人看了就讲：这哥哥太不爱护弟弟了。于是弟弟骑驴，哥哥走路。这时又有人说：弟弟不明理，为什么不让哥哥骑呢？然后两兄弟都骑驴，别人又批评他们虐待驴子。最后两个人都不骑了，别人又说他俩有驴不骑是愚蠢。我们要说：哪能尽如人意，但求无愧于心。只要我们心意够，就够了。我们无法活在别人的评论中，而一个人想要每个人都说他好、都说他对，那几乎是不可能的。

投一粒石子到水塘，立刻会引起一阵水分子的骚动，我们可以看见的是一波一波的涟漪。同样的，人和人相处，就该顾虑到别人的感受，因此我们要自我约束——我们并不奢望别人的好评，但我们要自我要求！我们要要求自己，我们不能也无法要求别人！有父母，才有子女；同样的，有子女，才称其为父母。这关系是相对的，而不是绝对的。这个道理，墨子说得最明白：

> 子自爱不爱父，故亏父而自利；弟自爱不爱兄，故亏兄而自利；臣自爱不爱君，故亏君而自利；此所谓乱也。虽父之不慈子，兄之不慈弟，君之不慈臣，此亦天下之所谓乱也。父自爱也，不爱子，故亏子而自利；兄自爱也，不爱弟，故亏弟而自利；君自爱也，不爱臣，故亏臣而自利。是何也？皆起不相爱。（《兼爱上》）

墨子这段文章，乍读不免生累赘之感，但墨子之所以不烦费词，从子、弟、臣的立场说，又从父、兄、君的立场说，不外强调人伦间的双轨关系。为子、为弟、为臣的由于自私而亏父、亏兄、亏君，这是“天下之所谓乱”。同样的，为父、为兄、为君者为了自利而亏子、亏弟、亏臣，这也是“天下之所谓乱”。那么天下的乱，莫不是由于人为利己至损人，因自私而不相容了。只要人人爱人如己——君臣、父子、兄弟都包括其中，无一例外！这种“兼爱”的精神和孔子的泛爱、基督的博爱并无二致。

现在社会上犯罪的事件越来越多，而青少年的犯罪比率相当高，这反映出青少年的问题已经相当严重！即便在父母师长心目中可以放心的孩子，也许还有好多怨怼——怨社会、怨学校、怨老师、怨父母。

几年前老人院传出杀人凶案，老人问题也因此而爆发！为人父母的，年轻时为子女忙碌，年纪大了，体力衰了，子女飞了，一个人闯自己的天下去了，老人心里好生怨恨，怨恨子女。两代之间彼此“交相恶”，于是代沟产生了。

“养儿防老”是中国人根深蒂固的老观念。这话如果送给年轻的子侄辈，以提醒年轻人，父母对子女的愿望，则替为人父母的说了心里的话，该是用意良美的。可是不幸这句话只有为人父母的心里抓得牢牢的，而年轻人却说“我们为自己活！”父母既心存希望，到这时不免失望了。

胡适之先生有一首诗《我的儿子》：

我实在不要儿子，
儿子自己来了。
“无后主义”的招牌，
于今挂不起来了！

譬如树上开花，
花落偶然结果。
那果便是你。

那树便是我。

树本无心结子，

我也无恩于你。

但是你既来了，

我不能不养你教你，

那是我对人道的义务，

并不是待你的恩谊。

将来你长大时，

莫忘了我怎样教训儿子：

我要你做一个堂堂的人，

不要你做我的孝顺儿子。

这诗亦庄亦谐，很有意思。为人父母的能体认养儿教子是“对人道的义务”，而不是“恩谊”，既然我未施恩，又何望酬报？而既未怀希望，自无所谓失望。他日子女反哺一二，就是意外收获，岂不喜出望外，即便子女远栖高飞，也都是意料中事，更无所谓怨叹了。

我们要说，润了儿身，瘦了娘亲，长了儿身，老了双亲。母亲怀胎十月，生下来的是个红彤彤的小东西，小东西只要咧咧嘴，就是半夜三更，睡意正酣，母亲也会颠倒衣裳，翻滚下床。在睡意未消下，母亲可能拿翻了奶瓶，热开水倒将下来，水溢流烫了手，烫醒了母亲！当我们要耍赖、要顶撞时，想想吧！父母养育子女，是天职、是责任、是责无旁贷、是不容推诿；但是，子女不能以为一切理所当然。

人生之所以美好，是因为有爱；世界之所以可爱，是因为有情。一个没有爱心的人，鸟语花香对他都没有意义，因为他心里没有春天，只有心存感谢的人才有福才快乐。我们每每在论及青少年犯罪问题时，不是指责社会，就是归咎学校，要不然就是说父母对不起孩子，至于闯祸的当事人是千样的委屈、百种的无奈，可是他却是事情所由生——不管什么原因，事情总是他做出来的。

谎话说一遍是谎话，说一百遍就成了真话。我们这么宠这些娇儿娇女，于是年轻人就只知有自己、眼中再无他人，全不问别人曾给了他什么，只论别人没给他什么！他们怨天尤人，怒气干天！其实爱和被爱同样幸福。年轻人说：父母不了解我们！可是我们何尝了解父母？我们要求被爱，那我们也得学会爱人！“施恩慎勿念，受施慎勿忘。”父母子女都当深思、切记！

中国古代讲孝讲忠，是对人子人臣的教训。现在讲“孝”子忠仆，是对为人父母的和为民公仆者的要求。我们总觉得人际关系都是相对的，单方面的苛求，有时不免助长一方气焰而使双方形同水火。

这就好比做父母的，老是叫哥哥让着弟弟，久之，不免使哥哥怨恨弟弟。《左传》上郑伯克段的故事⑨就是个鲜明的例子。

天下事不外乎情、理二字，每个人都要认清自己的角色、尽个人的本分，父母有父母的样，人子有人子的形。不忮不求【《诗经·邶风·雄雉》:“不忮不求，何用不臧？”忮，是忌妒的意思。臧，善也。“不忮不求”，指一个人不忌妒、不贪求，我们引这个话，意思自然偏重在“不求”上。】，为父母的固不能要求子女一味顺亲，事实上求也求不得！为子女的更不应要父母“孝”子“孝”孙。一切发乎情、中乎理，社会自然和谐、天下自然太平。

以上的意思，大半依据数年前我所发表的《从墨子兼爱说起》。在那篇文字我有后记:“我上有父母，下有稚女。用作上文，以为惕励！”不想数年之内，父母相继大去，许多要为他们做的事，没有做；许多想对他们说的话，没有说；天乎！痛哉！

① 有若，孔子的弟子。在《论语》里记载弟子言行，通常都称字。如：子路、子贡，颜渊（字上加氏）等，只有有若和曾参称子。宋朝的程子以为:“《论语》之书，成于有子、曾子之门人，故其书独二子以子称。”这个说法似可信。好，hào。朱注:“犯上，谓干犯在上之人。鲜，少也。务，专力也。本，犹根也。”与，通“欤”。“本立而道生”的“道”和“朝闻道”的“道”同，都是指天下有道，世界太平。

② 孟懿子，说是鲁大夫仲孙何忌。懿，是谥。根据《左传·昭公七年》的记载：孟懿子从父孟僖子的遗命，师事孔子。但《史记·仲尼弟子列传》不列懿子的名。刘疏:“懿子受学圣

门；及夫子仕鲁堕三都，懿子梗命，致圣人之政化不行，是实鲁之贼臣。弟子传不列其名；此（孔）注但云‘鲁大夫’亦不云‘弟子’，当为此也。”刘疏言之成理。“无违”的“无”，音义同“毋”，是禁止之意，义同现在的“不要”。“事之以礼”的“以”，当“依”讲。

③ 包曰：“几者微也。”“又敬而不违”：“而”字依皇本，他本没有而字。“不违”是不违劝谏的初衷。《礼记·内则》：“父母有过，下气怡色，柔声以谏。谏若不入，起敬起孝，说则复谏。不说，与其得罪于乡党州闾，宁孰谏。”（郑注：“起，犹更也。”说，同“悦”。）

④ 《说文》：“䁖，省视也。”王念孙认为《论语》这章的“启”是“䁖”的通用字，应该训为省视。这章所引“战战兢兢”的诗出自《小雅·小旻》。战战兢兢，是恐惧戒慎的意思。

⑤ 凯风，南风叫凯风。《说文》：“棘，小枣丛生者。”心，纤小也。夭夭，形容树木幼嫩茂盛的样子。劬，音 qú，劳苦的意思。薪，树木长大可为薪。圣，睿智也。令，善也。浚，卫的邑名。睍睆，音 xiàn huǎn，美好貌。载，犹“则”也。

⑥ 王引之《经传释词》：“是谓能养，‘是’与‘只’同义。”朱注：“养，谓饮食供奉也。犬马待人而食，亦若养然。言人畜犬马，皆能有以养之，若能养其亲而敬不至，则与养犬马者何异。甚言不敬之罪，所以深警之也。”

⑦ 色难，郑曰：“言和颜说色是难也。”刘台拱《论语骈枝》：“年幼者为弟子，年长者为先生，皆谓人子也。馔，具也。有事，幼者服其劳，有酒食，长者共具之。是皆子职之常，何足为孝！”《说文》：“曾，词之舒也。”段注：“按：曾之言乃也。《论语》曾是以为孝乎！训为乃，则合语气。”这个“曾”字，语气和我们说“难道……吗？”相同。

⑧《礼记·檀弓》：“齐大饥，黔敖为食于路，以待饿者。有饿者贸贸然来，黔敖曰：‘嗟来！食！’饿者扬目而视之曰：‘予唯不食嗟来之食，以至于斯。’终不食而死。”嗟来，犹嗟乎，来是语助词。（《庄子·大宗师》：“嗟来桑户乎！”）

⑨ 郑武公从申国娶了位夫人，叫武姜。武姜生了庄公和共叔段。由于庄公是难产，使他母亲武姜吃了苦头，因此武姜不喜欢庄公，把爱意全投到小儿子共叔段身上，甚至想让共叔段继承武公的君位，可是武公没答应。武公死后，庄公就位，武姜还不死心，变本加厉帮助小儿子共叔段，想密谋造反，夺取大儿子庄公的王位。最后郑庄公把弟弟打败，并且把他放逐出国。虽未杀绝，却已赶尽，兄弟阋墙，实属不幸。事见《左传·隐公元年》。

第四章

仁——克己复礼

子贡问曰:“有一言而可以终身行之者乎？”子曰:“其恕乎！己所不欲，勿施于人。”

——《论语·卫灵公》

《说文》："仁，亲也。从人二。"《孟子·尽心下》："仁也者，人也。"那么，仁应该是人的道理；而两个人在一起，自必产生彼此相处的问题，人际关系于是发生。仁，就是维持人际关系的道理，所以"从人二"——一个人独处，自无所谓人际关系产生。人和人相处，是最难的事、最麻烦的问题，因此"仁"在孔子思想中是最有价值的部分。

子曰："里，仁为美。择不处仁，焉得知！"[①]（《里仁》）

孔子说："住家，尚且以有仁风的地方为好，选择做人的道理，却不知道选择仁，这还可以算得上是聪明吗？"

《孟子·离娄上》："仁，人之安宅也。"一个人做人必须依仁而行，行仁的人为仁人，以仁道施政，就是仁政，"君行仁政，斯民亲其上，死其长矣。"（《孟子·梁惠王下》）所以"仁者无敌"（《孟子·梁惠王上》）。仁，是放诸四海而皆准的道理，仁之为道大矣！什么是"仁"？

颜渊问仁。子曰："克己复礼为仁。一日克己复礼，天下归仁焉。为仁由己，而由人乎哉？"颜渊曰："请问其目。"子曰："非礼勿视，非礼勿听，非礼勿言，非礼勿动。"颜渊曰："回虽不敏，请事斯语矣！"[②]（《颜渊》）

颜渊向孔子请教为仁的道理。孔子说："为仁就是克制自己、循礼而行。一个人能够做到这个地步，天下的人就立刻称他为仁人了。仁是由自己去行的，难道是由别人给的吗？"颜渊说："请问那为仁的细目。"孔子说："不合礼的不看，不合礼的不听，不合礼的不说，不合礼的不做。"颜渊说："回虽然不聪敏，一定做到老师这话！"

礼是人应该遵行的正道，不过有时由于感情的冲动而背离正道，就是违礼。一个人能控制自己的感情，避免行为脱轨而发生违礼的事情，就是克己复礼，也就是仁了。

说实在话，我们人最大的敌人，不是别的，是我们自己。一个人跌倒了，不肯爬起来，别人是扶不起来的，即使扶起来了，也难保他不再跌倒！《史记·商君列传》："自胜之谓强。"这话说得好极了。"鱼必自败然后虫生焉！"没有什么外在的力量，能够打倒我们——如果我们自立自强！

"三军可夺帅也，匹夫不可夺志也。"（《论语·子罕》）即使是一个普通人，只要意志坚定，横逆风雨只是一种考验、磨炼。

当然人受气于天地之间，有时难免使气、控制不了自己的感情；有时又克制不了自己的自然习性，比如好逸恶劳等。如果我们不能克制自己，就什么事也做不成。当然感情发泄是很痛快的，舒服谁不会找！可是人要自制、要克己、要自胜就得“勉强”自己？（在日文中，是学习、用功、努力的意思，汉字写作“勉强”！）

如果我们不能“勉强”自己，我们什么也做不成。因为我们要找借口实在是太容易了：天气不好、身体不适、情绪不佳……太多了。要随时记住：真正的强人，不是气粗、拳头硬，是时时自我反省、自我克制、自我勉力！

孔子告诉颜回：为仁由己，非由人。我们觉得人经常犯一种毛病：太重视别人的评价，而缺乏自知之明！（兵家说：知己知彼，百战百胜。一个人没有自知之明，怎么打人生的仗！）以至陶醉在掌声中而迷失自我。一个人能“举世而誉之而不加劝，举世而非之而不加沮。”【见《庄子·逍遥游》。举世，指全天下。沮，沮丧。意思是说，一个人的意志、行为，不因外界的毁、誉而有所改变。】自可宠辱皆忘，行所当行。

颜渊是孔子门下资质最高的学生，仁是孔子心目中最高的德行[③]，颜渊问仁，孔子告诉他“非礼勿视，非礼勿听，非礼勿言，非礼勿动”，视、听、言、动，是每个人日常的行动，勿犯非礼，是常人都懂得的道理。一个天资最高的学生问到最高的德行，孔子却只给了他四句最粗浅的话，这实在是一件可惊怪的事！从这里我们可以领悟：圣人教人养心修德，只在日常行为上着力，一切平平实实做去，其间并没有遥不可及或玄妙的道理。

所谓“勿视、勿听、勿言、勿动”，只是要人时时刻刻注意自己日常的行为，而没有丝毫苟且、丝毫含糊，这就是“为仁由己”的真正功夫！如果我们“无终食之间违仁，造次必于是！颠沛必于是！”【见《里仁》篇。终食，指吃顿饭的时间。造次，在十分慌忙的时候。颠沛，在艰难困顿的环境里。】仁就实在不是遥不可及，不是常人做不到的，我们要仁，那么仁就来到了！【《述而》篇：子曰：“仁远乎哉？我欲仁，斯仁至矣！”】

圣人的道理看似高远，其实都是平实可行的。事实上，世界上最好的道理都是很容易懂、很容易行的，一种道理讲出来，如果旁人听不懂，那么说的人，不是在骗别人，就是在骗自己！

仲弓问仁。子曰：“出门如见大宾，使民如承大祭。己所不欲，勿施于人。在邦无怨，在家无怨。”仲弓曰：“雍虽不敏，请事斯语矣。”④（《颜渊》）

仲弓向孔子请教为仁的道理。孔子说：“出了大门，对人要十分恭谨；用老百姓的时候，要十分敬肃。凡是自己不喜欢人家向我们做的事情，我们也不要对别人做。无论在什么地方都不要使人怨恨。”仲弓说：“雍虽然不聪敏，一定做到老师这话！”

子曰：“参乎！吾道一以贯之。”曾子曰：“唯。”子出，门人问曰：“何谓也？”曾子曰：“夫子之道，忠恕而已矣！”【朱注：“贯，通也。唯者，应之速而无疑者也。”《玉藻》：“父母呼，唯而不诺。”朱注：尽己之谓忠，推己之谓恕。】（《里仁》）

孔子说：“参，我平日所说的许多道理，是可以用一种道理来贯通的。”曾子说：“是的。”孔子出了讲堂，同学们问曾子：“老师说的是什么意思？”曾子说：“老师的道理，不过‘忠恕’罢了！”

子贡问曰：“有一言【一言，即一个字。比如平常我们说《诗经》是四言诗的代表诗集，就是说《诗经》中的诗，大半是四个字一句的。】而可以终身行之者乎？”子曰：“其恕乎！己所不欲，勿施于人。”（《卫灵公》）

子贡问道：“有一个字可以一辈子照着做的吗？”孔子说：“那该是‘恕’吧！自己所不喜欢的事，就不要加在别人身上！”

子贡曰：“我不欲人之加诸我也，吾亦欲无加诸人。”子曰：“赐也，非尔所及也！”⑤（《公冶长》）

子贡说：“我不希望别人加到我身上的事，也不希望加到别人身上。”孔子说：“赐呀！你还没有做到这个地步。”

孔子平时对弟子的教训自然很多，所以特别以“吾道一以贯之”作为提纲挈领的提示。道，本来指道路，引申当道理讲。千言万语总归一个：恕！这“恕”是古来圣哲教人做人的道理中，最可贵的一个字！所以子贡问：“有一言而可以终身行之者乎？”孔子就答以“恕”。恕是己所不欲，勿施于人，也就是《礼记·中庸》所谓：“施诸己而不愿，亦勿施于人。”而曾子所说的“忠恕”和孔子所说的“恕”意义完全相同。

西方哲学家说：“人各自由，而以他人之自由为界。”比如：我们有保卫身体的自由，我们不希望受到别人的伤害，那么我们也不可以伤害别人的身体；我们有秘密通信的自由，不希望别人偷看我们的书信，我们自然也不可以偷看别人的书信；我们不希望被骗，我们就不该骗人；我们不喜欢被人打、被人骂，我们就不该打人、骂人。我们只要将心比心，把别人当自己看待，就能做到恕。话是容易说，做可就不容易！

我们现在写的“私”字，《说文》上作“厶”，这就是我们的心的形，可见古代人就已经体认一个事实：人心的自私！既然人都有私心，要做到处处为他人设想，想到自己的好恶的同时，也能想想别人的感受，这就不容易！比如：我们等公交车，没上车，希望车停下来，希望上得去。上了车，就恨不得是班直达车，直到我们要下的站再停！“后面还有空！挤挤吧！”车下的说。“还上，还上！挤死人了！”车上的说。“嫌挤，下去呗！车下那么多人，让让嘛！”司机说。司机可以说公道话——如果他是位尽职的司机。人由于不能克制自己，所以表现得自私自利。

由此看来，“克己”实在就是实行“恕”道的一种方法。我们必须克制我们的私心、私欲，才能做到“己所不欲，勿施于人”。这自然不是简单的事，必须有相当的德行修养才能做到，而一个人能做到恕，自然也就已经做到“仁”了，说到这里，我们也许可以了解孔子很少以仁许人的原因了。

我们说：“己所不欲，勿施于人。”如果我们说：“以己所欲，施于人”是不是可以呢？比如，我喜欢喝酒，就强向人敬酒；我喜欢抽烟，就强迫别人接受熏陶；我喜欢打牌，别人就得奉陪。这成吗？自然不成。一个人所喜欢的，并不一定正当，即便是正当的，别人也未必感兴趣，就像我们喜欢弹琴，别人也许以为是噪音；我们喜欢猫狗，别人也许认为会传染疾病。如果完全以自己的尺度衡量别人，我们的出发点虽然不坏，但结果每每有害无益。

《孟子·梁惠王上》：“[孟子] 曰：‘《诗》云：刑于寡妻，至于兄弟，以御于家邦。言举斯心加诸彼而已。故推恩足以保四海，不推恩无以保妻子。古之人所以大过人者无他焉，善推其所为而已矣’”【寡妻，指寡德之妻，谦语。】孟子所谓“推恩”，正是“恕”道的积极面。孔子说：“自己要立，便让别人也立；自己要达，便让别人也达。”【《雍也》篇：子曰：“夫仁者，己欲立而立人；己欲达而达人。”】这就是行仁的道理、恕道的积极表现。

司马牛问仁。子曰："仁者其言也讱。”曰："其言也讱，斯谓之仁已乎？”子曰："为之难，言之得无讱乎！”【《说文》："讱，顿也。”指言语迟钝。】(《颜渊》)

司马牛向孔子请教为仁的道理。孔子说："仁人说话都很迟钝。”司马牛说："一个人说话迟钝，就算是仁了吗？”孔子说："做事情是不容易的，话怎么能不说慢点！”

舌头比手脚快，是人们常犯的毛病，所以孔子要说："君子欲讷于言而敏于行。”(《里仁》)“古者言之不出，耻躬之不逮也。”(《里仁》)古人不随便说话，因为说了而做不到是可耻的。一个成德的人便能“久要不忘平生之言”【见《宪问》篇。孔曰："久要，旧约也。”朱注："平生，平日也。”】。

老子说“轻诺必寡信”，一个人要做到言出必行，就必须重承诺。曾子的妻子，因为儿子啼哭不止，就说："别哭，杀猪给你吃。”等曾子真的要杀猪了，妻子不肯，说："小孩子嘛！我不过随便跟他说说！何必认真！”曾子说："对小孩子是不能随便说说的，小孩子不懂什么，他们全是跟父母学样，现在骗他，就是教他欺骗。母亲骗孩子，儿子不信任母亲，这不是教育的道理。”结果猪还是杀了。

春秋时晋文公伐原，带了三天的粮，预计三天可以拿下，三天后原不投降，就预备班师回国。这时城里的间谍传出消息：“原就要降了。”底下人都希望再等等，但是文公说：“信，国之宝也，民之所庇也，得原失信，何以庇之？”退了三十里原人就投降了。(《左传·僖公二十五年》）信能使敌人低头，使朋友间更亲近。

春秋时候，季札过徐，徐君很喜欢季札的佩剑，不过说不出口。季札心里明白，只是当时还有任务在身，所以没有把剑送给徐君。等到他办完了事回到徐，徐君已经故去。季札把佩剑解下，挂在徐君冢树上才离开。宝剑上的辉光正是友谊的光辉，难怪古人要说：“得黄金百斤，不如得季布一诺。”【季布是楚、汉时人，曾为项羽将。布重承诺，闻名关中。】

社会的秩序就靠人人言出必行，言行一致来维系。一个人轻率多言，则会“言多必失”，对自己是有害无益的，言行不符更是个人的败德，破坏人际关系和谐的因素。俗语说：“叫唤的鸟不肥。”非洲人说：“不说无益的话，免得口渴。”我们实不能不慎呀！以免祸从口出！

孔子认为，“言辞，足以表情达意就够了！”【《卫灵公》篇：子曰：“辞，达而已矣！”】我们讲求修辞造句，也只能是为了更准确地表达我们的意思，以发挥语言（文字）的功能，而决不能花言巧语以哗众取宠甚至招摇撞骗！

孔子很了解语言的功能，所以他也不避讳地说：“察言而观色。”(《颜渊》）但是，如果一个人的语言，只讲求形式上的修饰，那么祸害比根本不会说话要大得多，孔子对这种毛病一定有深刻体认，所以他不止一次地说："巧言令色，鲜矣仁！"【这话在《学而》篇和《阳货》篇都有记载，虽然皇本和正本《阳货》篇没有这章。不过我们想孔子说这话绝不止一次两次。】说："巧言乱德。"（《卫灵公》）说："巧言令色足恭，左丘明耻之，丘亦耻之。"（《公冶长》）

人和人相处，贵在和气。巧言、令色、足恭——说话中听、面容和悦、态度谦恭，不但不是坏事，还是做人必需的态度，但如果一个人只讲求外表，而不重内在的修养，那就不足道了。仁重在躬行道德，外表的仪文算不得是仁，所以他讨厌"佞者"⑥，讨厌"利口之覆邦家者"（《阳货》）！我们观察人必须"听其言而观其行"（《公冶长》）。

在虚伪多诈的世上，要想知道一个人是不是有道德，就要从他实际的行为来衡量，绝不可只依外表的仪文来评定。我们更要记住的是：如果我们要说话了，就慢点说，我们要做话的主人，切莫浮言躁语、事后追悔莫及，成了话的仆人。

子张问仁于孔子。孔子曰："能行五者于天下，为仁矣！""请问之。"曰："恭、宽、信、敏、惠。恭则不侮，宽则得众，信则人任焉，敏则有功，惠则足以使人。"（《阳货》）

子张向孔子请教仁。孔子说："能够做到五件事情，就算仁了！”“请问是哪五件？”孔子说：“恭谨、宽厚、诚信、勤快、惠爱。恭谨就不会招致侮辱，宽厚就能得人心，诚信就能得人信赖，勤快就能成事功，惠爱就能使人为我所用。”

孔子告诉颜渊，仁是克己复礼，是非礼勿视、非礼勿听、非礼勿言、非礼勿动；告诉仲弓，仁是己所不欲，勿施于人；告诉司马牛，仁者，其言也讱。我们以为，能恭谨、勤快，才能力行克己复礼，才能时时刻刻非礼勿视、勿听、勿言、勿动；能宽厚、惠爱才能恕以待人；能诚信才能讷口少言。勿犯非礼，己所不欲、勿施于人，讷口少言，是一个人要做到仁，在行为上要注意的事情；恭、宽、信、敏、惠，是一个人要做到仁，在性格上该具备的条件。

一个天生具备恭、宽、信、敏、惠资质的人，如果再加上后天的努力，在言行各方面多磨炼，自然可以止于至善，达于至德。樊迟问仁，孔子告诉他要“爱人。”这两个字真抵得上千言万语。社会秩序、人际关系都靠一个字维系：爱。如果人类没有爱心，人们不再爱人，那么社会必将充满恐怖，人和人之间也将只剩下仇恨。

英国诗人威廉·布莱克的《毒树》，第一段写着：

我对朋友感到愤怒：
我说出这愤怒，它消失了。
我对敌人感到愤怒！

我没说出，它滋长了。

缺乏爱的滋润，人的精神就会没有生命力，失去它的力量和生机，也不再能鼓舞我们在世界上留下一鳞半爪。但只要有爱，上帝就在我们心里，天堂就在我们左右。

说到这里，忽然想起中国最伟大的诗人杜甫，让我们看看他伟大的一面，《茅屋为秋风所破歌》：

八月秋高风怒号，卷我屋上三重茅。茅飞渡江洒江郊，高者挂罥【juàn，挂也】长林梢，下者飘转沉塘坳。南村群童欺我老无力，忍能对面为盗贼。公然抱茅入竹去，唇焦口燥呼不得！归来倚杖自叹息。俄顷风定云墨色，秋天漠漠向昏黑。布衾多年冷似铁，娇儿恶卧踏里裂。床头屋漏无干处，雨脚如麻未断绝。自经丧乱少睡眠，长夜沾湿何由彻【彻，晓也】。安得广厦千万间，大庇天下寒士俱欢颜。风雨不动安如山。呜呼！何时眼前突兀见此屋⑦，吾庐独破受冻死亦足！

杜甫情感深挚、襟怀博大，才能写出这种感人的诗篇。一阵狂风，卷走了屋上几重茅草。茅草居然能渡江而去，可见风力之强！童子无知，居然仗着人多欺我！眼见茅草被公然掠夺，气结之余也只好黯然叹息。诗人这时心里该充满恨意吧！“屋漏偏逢连夜雨”，外面下大雨，屋里下小雨，加上冷硬的老破被，孩子无知也无心，他并不想加深大人的愁苦，可是他讨厌这一切，他讨厌！

苦雨伴着不眠人，点滴到天明。大地多么无情，人生多么凄苦！我们的诗人，心绪一转：安得广厦千万间，大庇天下寒士俱欢颜。一个人在自身难保的情况下，没有怨天尤人，没有捶胸顿足，却只想到和自己一样境况的人。他的心里没有恨，没有怨，却充满了爱，这是“仁”的光辉，也是杜甫被后人视为最具儒家色彩的诗人的原因⑧。

让我们拥抱大地和人类吧！如果人间没有情爱，那太阳为什么那么亮丽！

子贡问为仁。子曰：“工欲善其事，必先利其器。居是邦也，事其大夫之贤者，友其士之仁者。”【刘疏：为，犹行也。】(《卫灵公》)

子贡向孔子问“为仁”的方法。孔子说：“工匠要做好他的工作，必须先把工具弄好。我们在一个国家里，应该在贤能官员下做事，应该和有仁德的人交往。”

子夏曰：“博学而笃志，切问而近思，仁在其中矣。”【笃志、切问、近思的对象都是道。】(《子张》)

子夏说："一个人能够广求知识而笃志于道，能够对于行己立身的道理审问并且慎思，就可以做到仁了。"

如果一个人能够做到克己复礼，能够做到己所不欲勿施于人，能够做到讷口少言，能够做到恭宽信敏惠，能够做到爱人，那就是做到仁了。要用什么方法才能做到仁呢？苏格拉底说："知识即道德。"而道德源于知识，乃是孔门师生所共信的。要求得知识自然只有学习一途，所谓"玉不琢，不成器；人不学，不知义。"(《三字经》)"义，人之正路也。"(《孟子·离娄上》)

在人生的旅途中，有正路，有邪径，我们必须经过思辨才能有正确的选择。思辨必须以知识为基础，所以学是人生最重要的事情，人生就是一个不断学习的过程——活到老，学到老。不是吗？凡事不可贪，但是求知识的心，却是越大越好，因为只有这样，知识对我们才会产生诱惑力，学的意志才会强，博学始为可能。

《中庸》："博学之，审问之，慎思之，明辨之，笃行之。"求知就好比学游泳：第一步必须能入——跃入游泳池，而且必须埋首水中；第二必须能出——能够把头从水里抬出来。求知也是一样，不埋头书中，则无所得，则不能精；如果只是埋首书中，则不免食古不化，落得个书呆子的雅号。所以我们既要广求知识，还要用自己的思维好好做思辨的功夫。

我们平常说学问、学问，所以要学，就要不耻下问，"知识增时只益疑”，为了释疑，我们学习的热忱更高了，而“问”，也是解惑的一种可靠的途径。“师者，所以传道、授业、解惑也。”（韩愈《师说》）从师学习，问惑于师，自是最可靠的学习方式。不过圣人无常师，由于孔子个人的体验，为了扩大学习的触须，孔子说：“事其大夫之贤者，友其士之仁者。”我们在工作中、交游中，都可以取法别人，以达学习的目的。学习是过程，目的是“行”。如果我们知道为什么要爱人、知道怎样爱人，可是就是不爱人，所知也是枉然。

仁是孔子心目中一切德行的根本，其重要性自不待言。仁虽然重要，但并不玄远。民生问题重要吧！可民生问题只要每天依时解决就不成问题了，重要却并不难办！我们只要心中欲仁，要做仁人，要做个像人样的人，就能做到仁。只要我们努力求知，从最切近的日常行为上用心、用力，从内心仔细体认自己，并且以这种感受去了解旁人，少说话，多做事，虽不一定能成为仁人，但亦必不远了。

我曾在一位老师的研究室见到一副很有意思的对联，录在这里，借兹彼此互勉：“多读些子书，少说点儿话。”

子曰：“民之于仁也，甚于水火。水火，吾见蹈而死者矣，未见蹈仁而死者也。”（《卫灵公》）

孔子说：“仁对于百姓来说，比水火更重要。我见过因水火而死的，却没有见过为仁而死的。”

子曰：“由，知德者鲜矣！”（《卫灵公》）

孔子说：“由呀，懂得修德的人很少呀！”

子曰：“吾未见好德如好色者也。”（《子罕》）

孔子说：“我没有见过一个喜欢德行像喜欢美色一样的人！”

孔子以仁代表精神生活，以水火代表物质生活。不错，民以食为天，不解决，人就不能活下去，食养活人，也养活其他动物。如果人只是为了活着——以物质来维持生命，那么人和禽兽就没有什么两样了。孟子说：“人之所以异于禽兽者几希！”（《离娄下》）人和禽兽的界线微小极了：人有生存的问题，禽兽也有；人有繁殖的需求，禽兽也有。人和禽兽有什么不同？

在生理构造方面，人和禽兽也大同小异，而这小异中最值得注意的是，人的脑比别的禽兽来得复杂，褶皱也特别多，这注定了一个事实：人除了自然性，还有理性；人需要物质生活，还需要精神生活；人生最大的问题，除了求如何生存下去，还求如何生存得更好，更美满！

可叹的是“人为财死，鸟为食亡”，“杀身成仁”只是志士仁人偶有的义行。孜孜为利的人，我们随处可以见到，而孜孜为善的人，却是凤毛麟角。难怪孔子要叹“知德者鲜矣”了！不错，食色，性也。但是人世间除了美色，还有美德。好色之徒，随处可见；好德之士，却不多得！难怪孔子要叹“吾未见好德如好色者也”。（这话除了见于《子罕》篇外，《卫灵公》上也有，可见孔子对这种现象的关切和叹息之深了。）

子曰：“我未见好仁者，恶不仁者。好仁者，无以尚之；恶不仁者，其为仁矣，不使不仁者加乎其身。有能一日用其力于仁矣乎？我未见力不足者。盖有之矣，我未之见也。”（《里仁》）

孔子说：“我没有见过［这样］好仁和［这样］恶不仁的人。那好仁的人，把仁看得高于一切；那恶不仁的人，他的为人，决不让不仁的人靠近他。我没有见过，一个人真有一天决心用力去行仁而力不足的。可能有这种情况，可是我没有见过。”

子曰：“回也，其心三月不违仁，其余则日月至焉而已矣！”【朱注：三月，言其久。集解：“余人暂有至仁时，唯回移时而不变。”】（《雍也》）

孔子说：“颜回能够长时间依仁而行，心志不移；别的人只是能偶然达到仁的境界罢了。”

“只要功夫深，铁杵磨成绣花针。”这句话本是鼓励人用功的，不过我们从这句话倒是想到一个问题：下功夫在磨杵上，自然能磨成绣花针，如果想把粉笔磨成针，那么多费工夫也是徒劳的。这说明一件事：我们应该认清自己，而不该盲目附和。受先天条件的限制，并不是每个人都能被磨炼成国手的，好在人类中不可移的“下愚”正和人类中智商特高的天才一样少见，何况“勤能补拙”，所以我们对自己还是可以放心的，只要我们努力，就一定能达到目的。

孔子说：“我没有见过，一个人真有一天决心用力去行仁而力不足的！”只要我们下决心做，我们就做得到。理论上是如此的，但事实上，在孔子那么多弟子中，只有颜回可以长时间不违仁，其他人只是偶然做到罢了。这就关系到学习的态度了。

人有一种毛病：三分钟热度！比如学期刚开始，一想到好的开始是成功的一半，就兴奋地拟计划、订作息表：早上几点起，诵英语、演数学，晚上几点睡，睡前温语文、背史地，电视只看新闻，报纸每天必读，前一两个礼拜，可能做得很好。慢慢地，电视剧真热闹，电视长片更精彩，不看多可惜！功课？明天早点起来再做吧。早上妈妈叫了，让我再睡一会，不然上课没精神！到了晚上：嘿！连续剧嘛！怎么能不连着看！功课？明天……“明日复明日，明日何其多。我生待明日，万事成蹉跎。”

人要有恒心地去做一项工作是多么不易！孔子说：“颠沛必于是！造次必于是！”不管外界环境怎么改变，我们都要坚持，要一本初衷，不能动摇。要知“节制是美德”，我们若能够节制我们的欲念——贪睡、好玩等等，即使我们的努力并没得到预期效果，我们也已经打了一场胜仗——战胜了自己。所以孔子说：“南方人曾说：‘一个人如果没有恒心，那他连巫医也不可以做。’这话好得很！”【《子路》篇，子曰：“南人有言曰：‘人而无恒，不可以作巫医。’善夫！”而，如也。】“为善如登，为恶如崩。”一个人要学好，得有决心、信心、恒心、定力、毅力、努力，多不容易！一个人变坏，却快得很，那情形就像崩落的滚石，一落就是千丈！“仁”只是日常行为的准则，每时每刻依仁力行，就是仁人，可是孔子那么多弟子，也只颜渊一个人在这方面得到赞许。我们都知道“有志者事竟成”，可是我们周围，成功的人并不多，失败了就一蹶不振的却多得是！持志有恒，真不是容易做到的！

① 里，指住家的地方。“仁为美”的“仁”，当仁厚风俗讲。择，指选择做人的道理，不是指择居。如果指择居，那么孔子这话就没什么大意思了。皇疏引沈居士曰：“言所居之里尚以仁地为美，况择身所处而不处仁道，安得智乎！”案：择身所处，指择处身之道，即择做人的道理。

② 复，本是“反”的意思，引申为遵循。《左传·昭公十二年》：仲尼曰：“古也有志：‘克己复礼，仁也。’信善哉！”那么“克己复礼为仁”的话，是根据古志的。朱注：“归，犹与也。”案：与是赞许的意思。目，指条目、细目。

③《公冶长》篇：孟武伯问，“子路，仁乎？”子曰：“不知也。”又问。子曰：“由也，千乘之国，可使治其赋也，不知其仁也。”“求也何如？”子曰：“求也，千室之邑，百乘之家，可使为之宰也，不知其仁也。”“赤也何如？”子曰：“赤也，束带立于朝，可使与宾客言也，不知其仁也。”

子张问曰：“令尹子文，三仕为令尹，无喜色；三已之，无愠色。旧令尹之政，必以告新令尹。何如？”子曰：“忠矣！”曰：“仁矣乎？”曰：“未知，焉得仁！”“崔子弑齐君，陈文子有马十乘，弃而违之。至于他邦，则曰：‘犹吾大夫崔子也。’违之。之一邦，则又曰：‘犹吾大夫崔子也。’违之。何如？”子曰：“清矣！”曰：“仁矣乎？”曰：“未知，焉得仁。”

《宪问》篇：宪问耻。子曰：“邦有道，谷。邦无道，谷，耻也！”“克、伐、怨、欲，不行焉，可以为仁矣？”子曰：“可以为难矣！仁，则吾不知也。”

子曰：“君子而不仁者有矣夫，未有小人而仁者也。”

由以上我们所引，可见仁在孔子心目中是最高的德行。

④《左传·僖公三十三年》：［晋］臼季曰：“臣闻之，出门如宾，承事如祭，仁之则也。”那么，“出门如见大宾”和“克己复礼”都是仁的古训。邦，指诸侯的国；家，指卿大夫的家。这两句指人到处无怨，到处和人和平相处。

⑤ 朱注：子贡言我所不欲人加于我之事，我亦不欲以此加之于人。此仁者之事，不待勉强，故夫子以为非子贡所及。

⑥《先进》篇：子路使子羔为费宰。子曰："贼夫人之子！"子路曰："有民人焉，有社稷焉，何必读书，然后为学？"子曰："是故恶夫佞者！"朱注："子路为季氏宰而举之也。贼，害也。言子羔质美而未学，遽使治民，适以害之。[有民人焉]言治民事神，皆所以为学。"夫，音fú。夫人，就是那人。

⑦ 突兀，本是高貌。韩愈诗："须臾静扫众峰出，仰见突兀撑青空。"现在引申为行动或事件突然而至。

⑧《左传》是反映儒家思想的作品，晋代的《左传》专家杜预（曾注《左传》）是杜甫的十三世祖，想来杜甫所反映的纯儒思想，也是其来有自吧！

第五章

礼——与其奢也，宁俭

林放问礼之本，子曰：“大哉问！礼，与其奢也，宁俭；丧，与其易也，宁戚。”

——《论语·八佾》

孔子以“克己复礼”和“非礼勿视，非礼勿听，非礼勿言，非礼勿动”答颜渊的问仁。仁是孔子最重视的个人德行修养，而孔子认为依礼而行、勿犯非礼就能成为仁人，由此可见礼的重要性。孔子告诉伯鱼：“不学《礼》，无以立。”（《季氏》）类似的话在《尧曰》篇也有【《尧曰》篇：子曰：“不知命，无以为君子也；不知礼，无以立也；不知言，无以知人也。”】，想来这方面的言论，孔子当不止说了两次。

子入大庙，每事问。或曰：“孰谓鄹人之子知礼乎？入大庙，每事问。”子闻之，曰：“是礼也。”①（《八佾》）

孔子进入太庙，对每一件不十分明白的事儿都向人请教。有人说：“谁说鄹人的儿子懂得礼？他进入太庙，每件事都问。”孔子听到这话，说：“这就是礼呀！”

子见齐衰者、冕衣裳者与瞽者，见之，虽少，必作、过之必趋。②（《子罕》）

孔子看见穿丧服的人、在高位的人和眼睛瞎了的人时，即使他们很年轻，孔子也一定起立为礼；如果经过他们的前面，一定快步示敬。

孔子以言语表达他重视礼的意思，同时也以行动来表达他的重视礼。一个人初入太庙，自然有许多事情知道得不确切，不知而不问，就成为真正的不知了。“每事问”当然是问不确切知道的事情，问了才可算是敬谨，才可以算是礼。如果连确切知道的事情也问，这是捣乱，是跟太庙管事的人过不去，不能算是礼——简直是无礼透顶！所以我们要读这章，就应该知道，“入”是初次入，“每事”也只是每一件不知道的事。从“每事问”，可以见出孔子的重视礼和他敬谨的心情。有人不了解孔子的心意，以为从“每事问”可以看出孔子不知礼，否则何必每事问，却不知“每事问”正是对礼的敬谨表现。

齐衰者、瞽者，自然可悯，冕衣裳者，自然可敬，孔子对可悯者表同情，对可敬者表敬意，即使他们很年轻，也不怠慢。起立为礼或快步示敬（古人走路经过别人的面前时，以快步为敬。“[孔子] 尝独立，鲤趋而过庭。”就是一例。即使现在，我们如果大模大样地走过尊长面前，也是很没教养的行为！），本都是很细小的事情，很容易做到的举动，但就是因为容易反而有时不做，因为细小反而时常忽略，孔子对这些细节也不放过，可见他对礼的重视、行礼的敬谨。

孔子谓季氏八佾舞于庭："是可忍也，孰不可忍也！"[③]（《八佾》）

孔子讲到季氏在家庙中用八佾的乐舞这件事时说："这种人如果可以容忍，那还有什么人不可以容忍！"

三家者以雍彻。子曰："'相维辟公，天子穆穆。'奚取于三家之堂！"[④]（《八佾》）

三家彻祭时歌《雍》诗。孔子批评说："'相维辟公，天子穆穆。'这情景在三家的庙堂里见得到吗！"

季氏旅于泰山。子谓冉有曰："女弗能救与？"对曰："不能。"子曰："呜呼！曾谓泰山不如林放乎！"[⑤]（《八佾》）

季氏去祭泰山。孔子对冉有说："你不能阻止吗？"冉有回答说："不能。"孔子说："难道泰山的神还不如林放［那样的懂礼］吗！"

人缺什么，就希望什么。一件事情、一种现象，会被人拿出来议论，也经常是因为那是件重要的事情，而人们却不注意；那是种不合理的现象，而人们却视而不见。在这种情况下，有识之士自然要提出他对这事情、这现象的看法。

孔子之所以重视礼，实在也是因为当时人对礼的认识有偏差，而僭礼[6]的现象已经到了相当严重的地步。仲孙（后改称孟孙）、叔孙、季孙三家是鲁国当时最有权势的贵族，他们操纵鲁国的政治，其行为可视为当时贵族行径的代表，我们以他们为抽样看看：季氏不过是鲁的大夫，只能用四佾，可竟然用八佾于家庙，这种违礼越分的事情，实在可恨可叹！

天子宗庙祭祀，彻祭时歌《雍》。三家不过是大夫，也以《雍》彻。在三家的庙堂上，既没有诸侯，更没有天子，而《雍》诗明明是说“相维辟公，天子穆穆”。空摆谱，又有什么意思？古代天子得祭天下名山大川，诸侯则祭山川在其封内。现在大夫祭泰山，算哪门子事，成什么体统！实在，像三桓（三家都是鲁桓公的子孙，所以也称为三桓）那样的行为，只能予人粗陋的印象，活像一个希望把钞票挂满全身，金银珠翠顶戴一头的暴发户。他们唯恐别人不知道他有钱、有势，所以常弄些特别的点子，来哗众取宠，以满足个人的虚荣心。

孔子病了，病得一天一天厉害起来，子路让门人用家臣的名义以预备丧事。后来孔子的病好一点了，说：“仲由的诈伪真使人痛心！我根本没有家臣，却要装作有家臣的样子！我骗谁？我骗天吗？”[7]孔子曾经有大夫的身份，此时孔子已经离职去位，治丧就不该有家臣，子路这么做，当然是为了尊重孔子，但是没有却装有的诈伪行为，是孔子最痛恨的，所以孔子并不领子路的情。

颜渊死了，门人想要厚葬他，孔子说：“不可以！”弟子们还是厚葬了颜渊。孔子说：“颜回把我看作父亲一样，我却不得把他看成儿子一样。厚葬并不是我的意思，是几个同学的主张！”⑧而颜渊的父亲颜路，也曾要求孔子把车做颜渊殡时的椁，（见《先进》篇）于礼，士的殡礼，根本用不到“椁”。由这些事例，可见越分僭礼的歪风也吹到了孔门，难怪孔子要以“非礼勿视，非礼勿听，非礼勿言，非礼勿动”应颜渊的问仁，孔子是在提醒门人：勿犯非礼、动无非礼，就能达到仁！可见守礼的重要。

实在，“君子之德，风；小人之德，草。草上之风，必偃！”【见《颜渊》篇。朱注：“上，一作尚；加也。偃，仆也。”】像季氏那样鲁国大权一把抓的重臣，其一举一动，自然产生极大的影响力，而他们违礼越分的举动，对国家的危害是很大的，所以孔子再三痛斥他们的行径！

子曰：“觚不觚，觚哉！觚哉！”【觚，一种有棱角的酒器。朱注：“不觚者，盖当时失其制而不为棱也。觚哉觚哉，言不得为觚也。”】（《雍也》）

孔子说：“是觚却没棱没角，那怎么叫作觚！那怎么叫作觚！”

子曰：“事君尽礼，人以为谄也！”（《八佾》）

孔子说：“一个人谨敬地照着礼事君，世人却认为这是向君上谄媚！”

礼制器物尽皆失礼，在一个重视礼的人看来，是多么痛心的事情！社会上有一种人，他们自己不做好事，还不喜欢别人做好事。真莫名其妙！真无可奈何！孔子说：“国君赐酒而臣子拜于堂下，这是礼。现在，臣子都只在堂上拜谢，实在不恭。我宁可违背众人，还是坚守拜于堂下的礼！”⑨普通人不能明辨是非，既可叹又可笑。人必须有道德的勇气，礼不可废，即便是违众也要守礼。

仔细想想：我们为什么要读书？是为了解决吃饭问题吗？卖劳力也能解决吃饭问题。民生问题是国家最大的问题，也是最容易解决的问题，但这个问题之所以难于解决，不在问题本身，而在人心的多欲。因为人吃了还想吃得更好，穿了还想穿得更好，有了黑白电视想彩色的，有了照相机想摄影机，问题大了、烦恼多了，解决这些问题，就需要知识。

知识使我们能够辨是非、明善恶，知道什么该做、什么不该做？怎么做最合理？曾经在报上看了这么一段：一个船家要找个伙计，来了两个年轻人应征，船主人看两个人都很不错，因此难于取舍。老板娘要船家把这事交给她办。她要两个年轻人坐下，自己回身下厨煮了两碗面，很干的、没汤水的、又盛得高高的！两碗干面端到了两个年轻人面前，老板娘又舀来了一大勺滚汤，对着高耸的面堆浇下去，汤溢流下来：一个年轻人用舌头舔，唯恐汤流到桌上；另一个却眼疾手快抓起筷子挑起面条，松它几下。好了，结果是不必说的。这个例子当然很粗浅，不过知识的力量，从这个粗浅的例子已经显现出来。

《荀子·荣辱》：“仁义德行，常安之术也，然而未必不危也；污僈突盗，常危之术也，然而未必不安也。故君子道其常，小人道其怪。”【杨倞注：僈，当为“漫”，漫，亦污也。突，陵触也。】君子与小人的分别就在于知识的有无。一个没有知识的人，看见卑鄙偷盗，富厚累世，不免道其怪、行其危。

朔是中国农历每月的头一天。告朔是天子把一年十二个月的朔政（历书）布告诸侯的仪式。告朔的饩羊，是每个诸侯国预备下以招待天子颁历的使臣的生羊。这个对“告朔之饩羊”的说法，乃是根据刘台拱的《论语骈枝》提的。虽然这个说法许多注家不赞成，但有一点我们可以确切知道：“告朔”是一种礼，“饩羊”是为“告朔”而设的。孔子时“告朔”礼已经废止，那么因“告朔”礼而设的“饩羊”，自然没有再设的必要，所以子贡主张去掉。

在我们看来，孔子这种实实在在的人，对这种设得无意义的饩羊，应该主张去掉；但是，孔子却说：“赐也，你舍不得那羊，我却舍不得那礼！”【《八佾》篇：子贡欲去告朔之饩羊。子曰：“赐也，尔爱其羊，我爱其礼！”爱，是吝惜、舍不得的意思。】孔子难道不知道空设饩羊的毫无意义吗？但是如今天子政令施行不下去，诸侯国差不多什么事都擅作主张，本来普天下的土地，都是天子的土地，普天下的人，都是天子的子民，自周王室从东迁以后，天子的势力衰落，诸侯本是天子分封的，如今天子反得诸侯们“多多支持”了！想到这些，还有什么心情去计较一只饩羊呢！孔子对礼仪败坏的惋惜心情，我们可以从“爱礼”的话，体会一二。

子曰：“恭而无礼则劳，慎而无礼则葸【xǐ，畏惧貌】，勇而无礼则乱，直而无礼则绞【绞，急切也】。”（《泰伯》）

孔子说：“一个人，恭敬而不合礼，必是徒劳而失仪；谨慎而不合礼，往往因过分小心而畏缩不前；勇敢而不合礼，便近于暴乱；率直而不合礼，就显得急切。”

子曰：“能以礼让为国乎，何有？不能以礼让为国，如礼何！”（《里仁》）

孔子说：“能用礼让的道理来治国，对处理政治就没有什么困难了！不能用礼让的态度治国，那怎么样对得起‘礼’！”

在孔子的心目中，礼是人生一切行为的规范。人的行为依礼而行，就中规中矩，否则必定弊病丛生。孔子以后的大儒荀子，特别重视礼，他以为人生“食饮衣服，居处动静”，由礼则合节，不由礼则百病丛生。人的“容貌态度，进退趋行”，由礼就雅，不由礼就野。至于“治气养心之术”，无不由礼而生。（见《修身》篇）显然荀子以为礼是人生规范、人生修养的准则，是个人立身处世所应守的规范。《左传·隐公十一年》：“郑庄公曰：礼，经国家，定社稷，序民人，利后嗣者也。”【经，是治理的意思。序，本意是秩序，引申为条理的意思。后嗣，指后代子孙。】孔子认为礼让才能治国，荀子认为“国无礼则不正”（《王霸》），“足国之道，节用裕民，而善藏其余。节用以礼，裕民以政。”（《富国》）显然礼在儒者的心目中该是今日伦理学、社会学、法学、经济学、政治学的综合。难怪孔子说：“能从书本上广求知识，而以世间最大的道理——礼为纲维，行为便不会有过失了！”[10]实在，“读书如游山，浅深皆有得。”我们常说“开卷有益”，当然，选择好书的重要性是不必说的。在今天印刷术这么发达、出版业如此兴旺的情形下，书的品类太多，选书读更是门学问。我们如果肯读书，当然多少都可以获益，但是，如果我们知道我们所要寻觅的是什么，并时时以这个目标为读书的中心，内心自然不至驳杂丛生。比如，我们现在想了解海底生物的生态，那么我们在找书和读书时，自然就以这个目标为中心，凡是跟这个目标没关联的材料，我们都可暂时舍弃。

孔子以为一个人应该广求知识，并且从所求得的知识中，剔除可疑的部分，以建立德行的准则。荀子认为，“人无礼则不生，事无礼则不成，国家无礼则不宁。”（《修身》）礼是人生道路上最重要的道理。

子曰：“质胜文则野，文胜质则史，文质彬彬，然后君子。”[11]（《雍也》）

孔子说：“一个人如果实质胜过文采，那么，就显得粗野；文采胜过实质，那么，就是虚有其表。一个人能兼有实质和文采，便成为一个君子了。”

我们为人处世，每每会发生偏差，不是太过，就是不及。事实上这都是毛病，因为过犹不及！所以孔子特别重视“中庸”的德行。四书里还有《中庸》，可见在中国人的思想中，“中庸”之道的分量有多重。“喜怒哀乐之未发谓之中，发而皆中节谓之和。”（《中庸》）一切喜怒哀乐的感情都是蕴涵于其中的，如果表现出来，并能表达得中规中矩就是和。而人人中规中矩，社会自然就和睦融洽，所以中庸是天下最好的德行。

中国人凡事讲中庸，长辈告诉我们：话不要说得太过、福不要享过头、乐极则悲生，都是在强调“极之而衰”的道理。在孔子看来，质胜文、文胜质，都是有缺陷、令人遗憾的。我们也许可以说“质”是内在美，“文”是外在美，如果一个人满腹学问，却蓬头垢面、不修边幅，不是很令人遗憾的事吗！

嵇康是竹林七贤之一，他的学问很好，诗文都有一手，可是他自己承认："头面常一月十五日不洗，不大闷痒，不能沐也。"[12]想想，一个人头面常一月十五日不洗，是什么德行！现在美容院、整形医院林立。爱美本是人的天性，修饰门面也是正当的道理，古代女人不是还讲究妇"容"吗！不过这修饰只是把自己弄得"停停当当人人"、整整齐齐、干干净净，不让别人眼睛受罪、鼻孔受气、心里作呕，其实这也是做人应该有的礼貌，西方人把最好的衣服留着进教堂时穿，也是为了对上帝表敬意吧！但是一个人如果把自然的身体，填填补补，弄成个人工脸孔，就违反自然，不自然了。想想，十八岁的脸孔，五十岁的手，七十岁的声音，多可怕，多滑稽！所以太不修边幅固然叫人受不了，太做作也一样叫人受不了。

棘子成曰："君子质而已矣。何以文为！"子贡曰："惜乎！夫子之说君子也。驷不及舌！文犹质也，质犹文也。虎豹之鞟，犹犬羊之鞟。"[13]（《颜渊》）

棘子成说："一个君子只要有实质就可以了。何必要文呢？"子贡说："可惜呀！棘大夫您关于君子的说法呀！话一出口，就算有四匹马也追不回来！文和质是一样重要的。[如果没有文的不同，君子、野人就不容易区别。]虎豹的革和犬羊的革看起来不是一样吗？"

文和质哪一样更重要，还真是个有争论的问题。不过，以人讲起来，文采（外在）的求全比较容易，而实质（内在）的充实比较困难。东坡有诗亦云："腹有诗书气自华。"一个人只要内在充实，自然会散发出一种不可外求的文华。似乎实质比文采重要了，那么子贡的话，又怎么说？子贡举虎豹犬羊的例子，只是为了驳倒棘子成"何以文为"的问题，而不表示子贡重文采（那么相对的就是轻实质喽！）的意思。子贡不是说："文犹质也，质犹文也"吗！实在！文质彬彬才是令人向往的！

子曰："礼云礼云，玉帛云乎哉？乐云乐云，钟鼓云乎哉？"【郑曰："言礼非但崇玉帛而已，所贵者安上治民。"马曰："乐之所贵者，移风易俗，非谓钟鼓而已。"】(《阳货》)

孔子说："礼呀礼呀！难道就是说的玉帛吗？乐呀乐呀！难道就是说的钟鼓吗？"

林放问礼之本。子曰："大哉问！礼，与其奢也，宁俭；丧，与其易也，宁戚。"[14]（《八佾》）

林放请教行礼时最重要的原则是什么？孔子说："你这个问题很了不得，很有意义！在礼上，与其太奢侈，不如太俭省；在丧事上，与其工于节文熟习，不如真心哀戚。”

子曰：“奢则不孙，俭则固。与其不孙【孙，音义同‘逊’】也，宁固【固陋】！”（《述而》）

孔子说：“一个人奢侈了就难免不谦逊，太省俭了就显得固陋。与其显得不谦逊，不如显得固陋！”

子曰：“以约失之者鲜矣。”【郑曰：“约，俭。俭者恒足。”】（《里仁》）

孔子说：“因为俭约而犯了过失的，是很少的！”

子游曰：“丧致【极尽】乎哀而止。”（《子张》）

子游说：“居丧只要能尽了哀思也就够了。”

前面我们说过，儒家所谓的礼，其实包含一切人生规范，至于玉帛酬酢，那实是礼的末节。乐的意义在于行而乐之，移风易俗，至于敲钟撞鼓，那只是乐的形式。摆样子，人人会，把握精神，就难得多。因此形式主义泛滥，人们做事只求表面、不管内涵，所以林放要问行礼的原则。林放的问，反映了他对这种不合理现象的关切与忧虑，所以孔子认为问得有价值。而孔子的答更具价值。

当然，“中庸”不过两个字，但是要做得不偏不倚，实在不是易事。所以孔子提出了最重要的原则指示：“礼，与其奢也宁俭；丧，与其易也宁戚。”奢和俭，都未得中道，奢侈的祸害是不必讲的，但因俭约而生过失的却很少。孔子把握住了这一点，才有了这样的谈话。

办丧事，只要尽了哀思也就够了，形式，是为了借以适度地表达哀思——我们说适度，是因为“毁不灭性”(《孝经》)。如哀毁过度，以致伤生，也不合度。如果舍本逐末，只重形式，既流于奢侈，又没有把握处理丧事的精神，这自是孔子所反对的。

玉帛酬酢、敲钟击鼓，是形式，对人来说是很重要的事——没有这些怎么表达礼、乐？但也只是末事，就好比仪容对人来说是很重要的事——谁不重视自己和旁人的仪容？但终究也只是末事而已。

有子曰：“礼之用，和为贵。先王之道，斯为美。小大由之，有所不行。知和而和，不以礼节之，亦不可行也。”⑮(《学而》)

有子说，“在礼的实际运用上，以能调和损益、斟酌得中为贵。先代传下来的道理，最可贵的就是依礼行事。不过我们如果大大小小的事情都要死板地照着礼做，有时候就行不通。[所以我们必须用和，］但若知道和的重要而一味用和而不用礼来节制，那也是不行的。”

我们总觉得天下很少有一成不变的道理。“多子多孙多福多寿”是中国的老观念，《诗经》的《螽斯》和《麟之趾》就是颂美他人子孙昌盛的诗篇。而今人却说“两个孩子恰恰好”！

人在变，时代在变，价值观念也就不断跟着变。古人说“一饭足以饱我腹，一衣足以饰我躬”。现在人却满嘴：营养！时髦！看看书摊上印刷精美的食谱和时装杂志，我们不得不说时代变了。有人说了：吃饱就够了，遮体就行了，营养？时髦？浪费！奢侈！浪费吗？奢侈吗？古代人穴居野处，现代人华厦广居；古代人茹毛饮血，现代人食必精美；古代人但求遮体，现代人要赶潮流；古代马车木船，现代人飞机轮船汽车摩托车。

乍看起来，古人俭今人侈——文明带来了奢侈，因此有人反文明厌奢侈，法国的卢梭、俄国的托尔斯泰，还有前一阵子在美国大行其道的嬉皮士，都是这一类人。比如我们的十大建设，每一样都是很费钱的，那该算得浪费啦？！但是我们车行高速公路，多么稳捷；那车阵一个接着一个，受惠的人何止千万，这不是浪费、奢侈，这是文明。又如，前一阵子举行文艺季、音乐季、戏剧季，也用了不少钱，多浪费！可是这个活动在带给人们正当的休闲生活、带动社会欣赏艺术的风气上，效果是无形而广大的，这是文明，不是奢侈。

我们觉得支配钱财的艺术是怎么样用钱，而不是怎么样省钱。

有的事用了很多钱，但效果广远、受益者多，就用得值得；即使耗费不算太多，但不生善果，转生恶果，就是奢侈，就不当用。晋朝的王戎既贵且富，但他是出名的吝啬鬼：他的侄子结婚，他给了一件单衣——后来还跟他侄子要了回来！他女儿嫁给裴頠，跟他借了点钱，女儿回来，他脸色很难看，女儿赶快还了钱，见了钱，脸色才放开！

晋时石崇是出名的奢侈爷：每一次请客，都叫美人向客人敬酒，客人不能干的话，就斩美人。王武子家的蒸猪特别肥美，和平常的味道不同，原来这猪是人奶喂大的！穷奢极侈、兼荒唐之至！虽然俭很少带来过失，但太俭就是啬，就不合情理，钱是用的，不是看的，但用得不得当，就要生出麻烦。

礼，就是使一切都合情合理的规范。可是时代变了，许多事物、观念也跟着变了，如果一切毫不变通地依礼而行，自然有行不通的。在古代用麻布制冕，这是礼、是向来的成例。孔子时人们都用丝制冕，看起来华丽美观而又省工易成，孔子就不从旧礼而从众。可见孔子并不一味固执！

国君赐酒臣子拜于堂下，乃是正礼，可是孔子时臣子都只在堂上拜谢，这实在是简慢不恭，孔子宁可违背众人，还是坚守拜于堂下的礼——以礼节之！【《子罕》篇：子曰：“麻冕，礼也；今也纯，俭：吾从众！拜下，礼也；今拜乎上，泰也：虽违众，吾从下！”《说文》：“冕，大夫以上冠也。纯，丝也。”】孔子的学生观察孔子得的印象，认为在孔子身上找不到“意、必、固、我”的毛病。【《子罕》篇：子绝四：毋意，毋必，毋固，毋我。这里的“毋”通“无”。意，是臆测，凭空乱想。必，期必也。固，固执。朱注：“我，私己也。”无我，是没有私心。】实在，孔子是最不固陋、最通情达理的人！

子曰：“人而不仁如礼何？人而不仁如乐何？”【包曰：“言人而不仁，必不能行礼乐也。”】(《八佾》)

孔子说：“一个不仁的人，怎么样行礼？一个不仁的人，怎么样作乐？”

孔子这话可能还有一层意思：一个不仁的人，即使行礼作乐也没有什么用处。我们觉得做人难，而仁正是做人最大的道理，只要我们实实在在从日常小事做起，只要我们以己思彼，常存爱心，就能做到仁。礼是正正当当的道理，只要我们扎扎实实地做，不好高骛远、不图虚表！那么就已经合礼了。《孟子·离娄下》：

君子所以异于人者，以其存心也。君子以仁存心，以礼存心。仁者爱人，有礼者敬人。爱人者，人恒爱之；敬人者，人恒敬之。有人于此，其待我以横逆，则君子必自反也：我必不仁也，必无礼也，此物奚宜至哉！其自反而仁矣，自反而有礼矣，其横逆由是也。君子必自反也：我必不忠。自反而忠矣！其横逆由是也。

君子曰：此亦妄人也已矣。如此则与禽兽奚择哉！于禽兽，又何难（nàn）焉？[16]

人和人相处要以爱心、以敬意，不过有时我们虽再三反省，自觉无愧于心，而对方"横逆"如一，那么这个人只能算是"妄人"！和禽兽相去不远！"人之所以异于禽兽者几希！"人和禽兽所不同的，只在"存心"而已！而"在知道美德是什么的人中间，美德才是美德。"对于一个"妄人"，又有什么可计较的！孟子"存心"两字，说得最好。只要我们行为的动机是善意的，只要我们以仁、以礼为行为动机，那么我们就已经有了好的开始。余下的是我们切切实实、正当合理的行为了，能这样自然能够仁至礼行、情文俱尽了。

① 大庙的大，音 tài，汉石经作"太"。包曰："大庙，周公庙。"吴英说："入者，前此未始入而今始入之辞也。""每事问"，当是问不确切知道的事情。鄹，地名，是孔子的家乡。鄹，《说文》和《左传》作"郰"。这里的"鄹人"指孔子的父亲（郰人纥）。

② 齐衰，音 zī cuī。齐，本作"斋"，缉也；用线缝衣服的边叫缉。衰，本作"缞"，丧服，用麻布做、披在身上的。五服中最重的孝是斩衰，斩，是不缉，衣服边是不缝的；齐衰是次于斩衰的孝服。这里以"齐衰"指有丧服的人。朱注："冕，冠也。

衣，上服；裳，下服。冕而衣裳，贵者之盛服也。”瞽者，瞎子。包曰：“作，起也。趋，疾行也。此夫子哀有丧、尊在位、恤不成人。”

③ 皇疏：“谓者，评论之辞也。季氏，鲁之上卿也。”是。向来注家都以为指“八佾舞于庭”的事，但是，如果“是”指舞八佾，那么“孰”也应指事言，但是经传里“孰”都是指人的，所以这章里的“是”，似当指季氏。是，就是“是人”。马曰：“佾，列也。天子八佾，诸侯六，卿、大夫四，士二。八人为列，八八六十四人。鲁以周公故，受王者礼乐，有八佾之舞。季桓子僭于其家庙舞之，故孔子讥之。”佾，音 yì。

④ 朱注：“三家，鲁大夫孟孙、叔孙、季孙之家也。《雍》，《周颂》篇名。彻，祭毕而收其俎也。天子宗庙之祭，则歌《雍》以彻。是时三家僭而用之。”案：俎，音 zǔ，祭器，用以载牲。“相维辟公，天子穆穆”，是《雍》诗中的两句。相，助也。维，语词。包曰：“辟公，谓诸侯及二王之后也。”穆，本是“和”的意思，这里用“穆穆”形容天子安和的样子。奚，何也。

⑤ 马曰：“旅，祭名也。礼，诸侯祭山川在其封内者。今陪臣祭泰山，非礼也。”陪臣，意同重臣。鲁君是周天子的臣，季氏是鲁君的臣，所以是天子的陪臣。马曰：“救，犹止也。”包曰：“神不享非礼。林放尚知问礼（案：这章之前即‘林放问礼之本’章。），泰山之神反不如林放耶？”曾，意同“乃”。曾谓，就是“难道说”。

⑥ 僭，音 jiàn。《说文》：假也。《玉篇》引作“儗”也。段氏云：“以下儗上，僭之本义也。”我们说僭越，就是僭冒名义踰越其分位。僭礼，就是行礼时不依分位，僭冒名义。僭号，就是越分用较尊的名号。

⑦《子罕》篇：子疾病，子路使门人为臣。病间，曰：“久矣哉由之行诈也，无臣而为有臣。吾谁欺？欺天乎？……”包曰：“疾甚曰病。”“子路使门人为臣”，朱注：“夫子时已去位，无家臣。子路欲以家臣治其丧，其意实尊圣人，而未知所以尊也。”《广雅·释诂一》：“间，愈也。”病间，就是病好了一点。郑曰：“孔子尝为大夫，故子路使弟子行其臣之礼。”刘疏：“为即是伪；无臣而伪有臣也。”“久”应该作疚。（见毛子水先生《论语今注今译》）

⑧《先进》篇：颜渊死，门人欲厚葬之。子曰：“不可！”门人厚葬之。子曰：“回也，视予犹父也，予不得视犹子也。非我也，夫二三子也！”朱注：“丧具称家之有无，贫而厚葬，不循理也。故夫子止之。”

⑨《子罕》篇：子曰：“拜下，礼也；今拜乎上，泰也：虽违众，吾从下！”皇疏：“下，谓堂下也。礼，君与臣燕，臣得君赐酒，皆下堂而再拜，故云：‘拜下，礼也。’周末（案：指周朝末年），臣得君赐酒，但于堂上而拜，故云：‘今拜乎上，泰也。’”

⑩《雍也》篇：子曰：“君子博学于文，约之以礼，亦可以弗畔矣夫。”文，说是“则以学文”的“文”，是指用文字记载的

书籍。约，本有约束的意思，这里是说用礼为纲维、以礼为主旨。郑曰："弗畔，不违道。"

⑪ 《先进》篇："先进于礼乐，野人也"的"野人"朱注训为"郊外之民"，就是乡下人。乡下人质朴少文，这章的野就含有质朴的意思。包曰："史者，文多而质少也。彬彬，文质相半之貌也。"

⑫ 见嵇康《与山巨源绝交书》。巨源是山涛的字，他做吏部侍郎的时候，推荐嵇康来代替他的职位，嵇康便写了这封信和山巨源绝交。信中举出必不堪者七，甚不可者二，以明他不适合做官的性情。朋友贵相知，山巨源不能了解嵇康的性情而举他自代，所以只好与他绝交。文中很可见出魏晋名士的某种派头。沐，是洗头。

⑬ 棘子成是卫大夫，当时称大夫为"夫子"。一车四马叫作驷，因此四匹马也叫驷。驷不及舌是"过言一出，驷马追之不及！"（郑注）现在我们说"一言既出，驷马难追"，就是根据这里所说的。《诗经·韩奕》传："鞹，革也。"《说文》："兽皮治去其毛曰革。"鞟同鞹。虎豹皮所以比犬羊皮贵，是因为毛不同；君子之所以不同于野人，是文采不同。如果说只要质不需文，那么虎豹、犬羊的皮全去了毛，则虎豹的革和犬羊的革又有什么不同！如果只要质不需文，那么君子和野人又何以分别！"犹犬羊之鞟也"，"也"字依皇本、正平本。

⑭ 郑曰："林放，鲁人。"朱注："易，治也。孟子曰：易其

田畴。在丧礼，‘易’则节文习熟而无哀痛惨怛之实者也；‘戚’则一于哀而文不足耳；礼贵得中，奢易则过于文，俭戚则不及而质：二者皆未合礼。然凡物之理，必先有质而后有文。则质乃礼之本也。”

⑮ 礼是相传的节文，和是斟酌得中、调和损益。斯，指礼。“小大由之、有所不行”，是“和为贵”的理由；“之”亦指礼。皇疏：“人若知礼用和而每事从和，不复用礼为节者，则于事亦不得行也。所以言‘亦’者：沈居士云，‘上纯用礼不行：今皆用和亦不可行也。’”

⑯ 横，音 hèng；难，音 nàn。朱注：“横逆，谓强暴不顺理也。物，事也。由，与‘犹’同。奚择，何异也。又何难焉，言不足与之校也。”

第六章

政者——正也

季康子问政于孔子，孔子对曰："政者，正也。子帅以正，孰敢不正？"

——《论语·颜渊》

孔子一生的事业在教学，而他的理想却是政治。孔子眼见列国纷乱，民不聊生，所以周游天下，希望能够在政治上一展抱负，使天下太平。他跑遍了各国发现：事与愿违，因此他想到用教育来达到移风易俗的目的，同时造就一批新的政治俊才，投入政治，发挥扭转乾坤的作用。因此，孔子有一套完整的政治哲学：

子曰："为政以德，譬如北辰，居其所，而众星共之。"①（《为政》）

孔子说："用德行来处理政治，就像天的北极，它静静地在那儿而满天星斗都环绕它运行。"

孔子这话可分两层意思："为政以德"和"居其所而众星共之"，"德政"是儒家最重要的政治理想。我们下面会仔细讨论；这里要先说的是无为的政治态度。老子说："治大国若烹小鲜。"烹小鱼的手续越少越妙，弄点油一煎就成了，如果要刮鳞、去鳃、剖肚，那鱼必定糜烂！治国若烹小鲜，是说政治上越简单越好。

我们看如今有民法、刑法等等，但是犯法者却层出不穷，这真应了老子所谓“法令滋彰，盗贼多有”！老子以为“我无为而民自化”！提倡端拱而居，无为而治。

孔子以为古代君王中以尧舜最可敬，他们“无为而治”，“恭己正南面而已矣”，【《卫灵公》篇：子曰：“无为而治者，其舜也与！夫何为哉？恭己、正南面而已矣！”“恭己、正南面”，就是“为政以德”的意思。古代的君王坐北朝南，所以说正南面。南面，就是面南、向南、朝南。】他们使“民无能名焉”[②]！在政治上，孔子提出了一个重要的说法：居其所而众星拱之！所以叶公问政，孔子告诉他说：“使近人欢悦，使远人来归。”【《子路》篇：叶公问政。子曰：“近者说；远者来。”说，音义同“悦”。】是欢悦、是来归，而不是攻城略地、杀伐无已！

季康子问政于孔子。孔子对曰：“政者，正也。子帅以正，孰敢不正！”[③]（《颜渊》）

季康子向孔子问政的道理。孔子问答说：“政，就是‘正’，你自己先依着正道做，那谁敢不依着正道做呢！”

“政者正也”可以说是从古以来最好的政治格言。孔子一切政治思想，都以这个观念为基础：自身“正”了，众星才会拱之，无为而治的理想才能实现，以“正”为“政”，“为政以德”的理想才有指望。否则只有严刑峻法、大开杀戒，搞恐怖政治！

季康子就曾以“杀无道以就有道”向孔子讨教。孔子回答他：“搞政治何必用杀呢！你自己本身喜欢好事，大家就会做好事了。在上位的就像风，老百姓就像草。草，如果风来吹它，一定随风而倒。”④俗语说：“上梁不正，下梁歪。”“一个在上位的人，本身做得正当，就是不下命令，老百姓也会做；本身做得不正当，就是下命令，老百姓也不会听。”【《子路》篇：子曰：“其身正，不令而行；其身不正，虽令不从。”】

季康子对盗贼感到伤脑筋，向孔子请教。孔子回答说：“如果你自己无贪欲，就是奖赏人去偷也没人去偷。”【《颜渊》篇：季康子患盗，问于孔子。孔子对曰：“苟子之不欲，虽赏之不窃。”《说苑·贵德》篇：“上之变下，犹风之靡草也。民之窃盗，正由上之多欲；故夫子以‘不欲’勖康子也。”】

《韩非子·外储说左》上有这样的记载：齐桓公喜欢穿紫色的衣服，因此全国人都穿紫。当时，紫布贵得离谱。桓公很为这件事伤脑筋，对管仲说：“我就是爱穿紫衣服，现在紫布贵得要命，全国人还拼命穿紫衣服，我怎么做才好呢？”管仲说：“您想阻止这种歪风，何不试试：您先别穿紫衣服。您对左右的人说：‘我好讨厌紫的臭味。’左右的人正好有穿紫衣服的，您一定要说：‘退后点！我怕紫臭！’”桓公听了管仲的话只好应着：“好吧！”当天，办公厅没人穿紫了。第二天，国都内都没有人穿紫了。三天后，齐国境内没人穿紫了。这真是《诗经》上说的：“不躬不亲，庶民不信。”

有一段时间，台湾流行穿青年装，各机关纷纷以青年装为制服，这多少和经国先生常穿着公开露面有关系吧！依据《史记·孝文本纪》的记载：汉文帝在位二十三年期间，宫室苑囿、狗马服御，都没有添加什么！曾想建露台，一估价得黄金一百斤。文帝说："这黄金百斤差不多是中等人家十家的家产。我承受先帝宫室，常怕辱及先帝，建什么台啊！"文帝常穿厚绸衣；最受宠的慎夫人，都不许衣长拖地（古代衣裳以长为美，衣长拖地才好看！）；帏帐不许文绣。这许许多多的"不许"，也只为了表示"敦朴"——敦厚朴实，以为天下表率。治霸陵，全用瓦器，不得用金银铜锡为装饰，不治坟，为的是省俭不侵扰百姓。⑤一位皇帝对自己生平和身后事，都尽量弄得省俭，影响所及，自然很大。

武帝是一位有雄才大略的君主，尤其对付北边的匈奴很有成绩，这种成就是府库充实所带来的。如果不是先帝自奉节俭为国家积存了财富、厚植了国力，大汉声威又岂能远播。想来孔子说的，"如果自己做得正，那对政治还有什么难处！如果自己不正，那怎么能够正别人！"【《子路》篇：子曰："苟正其身矣，于从政乎何有！不能正其身，如正人何！"】是很有道理的。

荀子体认君的重要性，"君者，仪也，仪正而景正。君者，盘也，盘圆而水圆。君者，盂也；盂方而水方。"【见《君道》篇。仪，指仪容。景，音义同"影"。盘，盘也。盂，盛饮食的器皿。】君处于一国的最高领导地位，他的行为可以为天下的表率。政治

为清、为浊，端视原清、原浊，而“君者，民之原也。”(《君道》)

荀子认为：为国以修身为先，【《君道》篇：请问为国。曰：闻修身，未尝闻为国也。】君不但是政治体系中的主脑，也是社会教化的仪范，他既需具备政治才能，又身兼道德化身；他是治之原，也兼教之本，荀子经常“君师”并称、“圣王”同举，正是他以“道德纯备、智惠甚明”“备道全美”责君理念的表现。荀子这一种重视君德的政治理论，显然是孔子“政者正也”理论的流衍。

子曰：“道之以政，齐之以刑，民免而无耻；道之以德，齐之以礼，有耻且格。”[⑥](《为政》)

孔子说：“用政治的道理来教导百姓，用刑罚来齐一他们，这样，百姓可以苟免刑罚而没有羞愧之心。用德化来教导百姓，用礼教来齐一他们，这样，百姓不但有羞耻心而且能改过向善。”

“礼之教化也微，其正邪也于未形，使人日徙善远罪而不自知也。”(《礼记·经解》)礼的作用，在邪恶未形已止其祸，在恶念未萌已去其根，使民“不自知”而改过迁善。礼是禁于将然之前，是儒家的礼，干涉的意味较少。

孔子以为法治虽能产生吓阻的作用，但这只是表面功夫——使人不敢为非作歹，只有礼治才能在潜移默化中使一个人根本不想为非作歹！当然，《周礼》上有“刑乱国用重典”的话，而在一些满脑子“以法为教”（《韩非子·五蠹》）的法治主义者、法律万能的信徒看来，德化礼治是不足恃的。

在外国，英国人霍布斯以为人性是忌妒、猜忌、虚荣，一切以利己为出发点，“人人相争，混战一团”。强有力的约束自然是不可缺的，德国人康德也从人性的“根本恶”论法律的不可缺。事实上孔子并不排斥法治：“礼乐不兴，则刑罚不中。”（《子路》）可见孔子也以礼与刑并论。

到了孟子主张“徒善不足以为政，徒法不能以自行。”（《离娄上》）他认为礼法不能偏废，对礼、法的看法更趋折中。汉朝缇萦救父的故事，我们很熟悉，缇萦上书后，汉文帝曾下诏：

盖闻有虞氏之时，画衣冠、异章服以为僇，而民不犯。何则至治也。今法有肉刑三，而奸不止，其咎安在？非乃朕德薄而教不明欤！吾甚自愧。故夫驯道不纯，而愚民陷焉。《诗》曰：“恺悌君子，民之父母。”今人有过，教未施而刑加焉，或欲改行为善，而道毋由也。朕甚怜之。夫刑至断支体、刻肌肤，终身不息。何其楚痛而不德也。岂称为民父母之意哉！其除肉刑。⑦

文帝的诏命，完全是一位仁君的德政。重典不是不能用，但那是在国家特别乱的时候，是不得已的下策，而且也不是长久之计。因为法治天下的理论基础，在利用人的畏惧心理，如果人不怕呢？那么法就不能发挥治的功能了。而处罚太重太频，久了，人也就疲了，“民不畏死，奈何以死惧之！”（《老子》）法虽然可以较快速、有效地带来治平（尤其是在乱世），但是法律不是万能的，德化效果虽慢，但效果却是根深蒂固的。一个国家要维持长久的治平，除了法的审慎运用外，礼治德化是必须一步步推行的。

子曰：“听讼，吾犹人也。必也，使无讼乎！”（《颜渊》）

孔子说：“审理讼案，我也和别人一样。要说我和别人有什么不一样的，那就是，我想使世间没有讼事！”

孟氏使阳肤为士师，问于曾子。曾子曰：“上失其道，民散久矣。如得其情，则哀矜而勿喜。”⑧（《子张》）

孟氏任命阳肤做法官，阳肤向曾子请教。曾子说：“国家政治不上轨道，老百姓心里早已没有法纪的观念了。你如果查出案子的实情，不要因为查出罪人就沾沾自喜，你应该要怜悯那个罪人。”

一个政治家应该以仁心、善意为出发点，不能把老百姓都当贼防，把周围的人都当假想敌。一个人做人的“存心”最要注意，而一个政治家要管理众人的事，他的举止影响深广，所以尤其要重“存心”！

孔子说“使无讼”，曾子说“哀矜而勿喜”，宅心多么仁厚！态度多么磊落！我们读文帝的诏命，感受的也就是这些。孔子说“道之以政”的话，不过是说礼治优于法治，不过是为“政者，正也”做脚注。礼治的效果较长久，这是礼治优于法治的理由，但是礼治做起来较难也较费时；法治的效果快，但其威力却有时而穷，礼治和法治能调和运用，才是孔子所希望的。看来世间极少有十全十美的东西！香花差不多都是素白的，而色彩艳丽的花多半不香。只有玫瑰又美艳又香甜，堪称色、香、味俱全，可偏又多刺！

子路曰：“卫君待子而为政，子将奚先？”子曰：“必也正名乎！”子路曰：“有是哉，子之迂也！奚其正？”子曰：“野哉由也！君子于其所不知，盖阙如也。名不正，则言不顺；言不顺，则事不成；事不成，则礼乐不兴；礼乐不兴，则刑罚不中；刑罚不中，则民无所措手足。故君子名之必可言也，言之必可行也。君子于其言，无所苟而已矣。”⑨（《子路》）

子路说：“卫国国君等老师去替他处理政事，老师打算先做什么？”孔子说：“那我一定先要纠正一切不当的名义。”子路说：“有这等事，老师真迂阔呀！这有什么可正的！”

孔子说："仲由真鄙俗！一个君子对他不知道的事，是不乱说的。名义不正，那么言词上就不能顺理成章；言词上不能顺理成章，那么事情就做不成；事情做不成，那么文教就不能推行；文教不能推行，那么法律不能得当；法律不能得当，那么老百姓就不知怎么做才好。所以君子用了一个名词，一定能言之成理；说出一句话，一定是能行得通的。一个君子对他的话，要做到不随便的地步才算。"

这是孔子的正名主义。"君君、臣臣、父父、子子"（《颜渊》）这就是"政"。政的道理，只是一个"正"字。一个国君"居上不宽、为礼不敬、临丧不哀"；【《八佾》篇：子曰："居上不宽，为礼不敬，临丧不哀，吾何以观之哉！"郑曰："居上不宽，则下无所容；礼主于敬、丧主于哀也。"】一个臣子事君不能"敬其事而后其食"，【见《卫灵公》篇。《周礼·天官冢宰·医师》注："食，禄也。"《礼记·儒行》："先劳而后禄。"】君没有君之实、臣没有臣的样，"君不君，臣不臣"，名实不能相符，言行不能相当，政治一片混乱，结果是虽有粟，不得食！父不慈、子不孝，父没有父之实，子没有子的样，"父不父、子不子"，名实不能相符，言行不能相当，家庭罩上阴影，结果是父子相怨、兄弟阋墙！

孔子的正名，实有寓褒贬、别善恶的意义。荀子以为正名在"道行而志通"（《正名》）使人志意相喻而达到治之极，以成就治道，这是儒家传统的正名说。

子适卫，冉有仆。子曰："庶矣哉！"冉有曰："既庶矣，又何加焉？"曰："富之！"曰："既富矣，又何加焉？"曰："教之！"【朱注："庶，众也。"】(《子路》)

孔子到卫国，冉有替孔子赶车。孔子说："人民不少呀！"冉有说："人民已经很多了，次一步应该怎么办呢？"孔子说："使他们富足！"冉有说："人民富足了，再下一步又该怎么办呢？"孔子说："教育他们。"

哀公问于有若曰："年饥，用不足，如之何？"有若对曰："盍彻乎！"曰："二，吾犹不足，如之何其彻也？"对曰："百姓足，君孰与不足？百姓不足，君孰与足？"【《尔雅》："谷不熟为饥。"盍，何不。彻，十分取一的税法。二，十分取二。】(《颜渊》)

哀公问有若道："年成不好，国家财用不够，该怎么办？"有若回答说："何不行彻法？"哀公说："十分取二，我还不够，怎么还能行彻法呢？"有若答道："百姓如果富足了，君上怎么会不足？百姓如果不足，君上怎么会足？"

"子适卫"章虽是一段简单的问答，但却很有意义。儒家先富后教的治国政策，最早见于这一段谈话里。政治上有一个重要的道理：藏富于民。荀子就说："下贫则上贫，下富则上富。"

(《富国》)一个搞政治的人，如果与民争利，多事搜刮聚敛，必至民贫国乱！那么孔子要声讨冉求的道理[10]，我们就可明白了。后来的儒者，像孟子、荀子，对于先富后教的治国道理，都大加发扬。《孟子·梁惠王上》：

无恒产而有恒心者，唯士为能。若民，则无恒产，因无恒心，苟无恒心，放辟邪侈，无不为己。……是故明君制民之产，必使仰足以事父母，俯足以畜妻子，乐岁终身饱，凶年免于死亡。然后驱而之善，故民之从之也轻。

士是指读书人，读书人知义理，即使穷，还能固穷守贫。至于一般百姓，如果家无恒产，不知义理，可能因穷斯滥，什么都做得出来。我们说饥寒起盗心，就是这个道理。所以一个明白道理的国君，一定要满足人民维持基本生活的要求，然后再让他们学好。

在衣食不周、三餐不继的情形下，要百姓们学好，他们是听不进去的。毕竟，怎么样活下去才是人生最大的问题！如果不管百姓死活，只高唱教育论调，那是不切实际的做法。所以荀子也说：

不富无以养民情，不教无以理民性。故家五亩宅、百亩田，务其业而勿夺其时，所以富之也。立大学、设庠序、修六礼、明十教，所以道之也。诗曰：饮之，食之；教之，诲之。王事具矣。(《大略》)

有一点我们必须弄明白：孟荀所说的“富”，都是从维持百姓基本生活来说的。古代由于自然资源和人力资源没有充分开发，所以可资利用的物质就少。《孟子》书中说“五十者可以衣帛”、“七十者可以食肉”，吃肉是大事！这真实地反映出那时人民的生活水平。丰年乐岁还可维持，一到凶年饥岁，就野有饥民、壑有饿莩。孟荀都希望政府能发挥力量，保民爱民，使百姓不致因自然的灾害而维生困难甚至丧命！

如今，物资充裕，人们生活富足，只要勤劳，是不会忍饥受冻的，更不会饿死人、冻死人。照理说，应该人人知理义，但是社会上为什么抢案、偷案、经济犯罪案，层出不穷？这些人是没饭吃吗？这些人差不多都是出汽车、入洋房，美食华服的阔人呀！所以我们现在的问题不在富之，而在教之！学校、家庭、社会，都应该负起教育的责任。我们平常说：比上不足，比下有余。

是的，如果在物质享受上，我们都能以这种态度处理，那么就能人人知足、社会常乐。如果一个人看见满街“跑天下”，就想到只有我跑路；看见大捆钞票，想的是就没一张是我的！那么盗心一生，便天下大乱！在我们现在这个社会中，人们追求的已经脱离了基本的生活问题，在觅求更高的生活质量，如果不能发挥教育的力量，则笑贫不笑娼者有之！持“拿到手就是我的”的想法者有之！这种作为的人，自不能以孔、孟、荀的话为护身符。

子贡问政。子曰："足食，足兵，民信之矣。"子贡曰："必不得已而去，于斯三者何先？"曰："去兵。"子贡曰："必不得已而去，于斯二者何先？"曰："去食。自古皆有死，民无信不立！"[11]（《颜渊》）

子贡问政治上要特别注意的事。孔子说："粮食充足，军备充实，人民信任政府。"子贡说："在不得已的情况下，要在三样中去了一样，哪一样可以先去掉？"孔子说："去了军备。"子贡说："在不得已的情况下，要在两样中去了一样，哪一样可以先去掉？"孔子说："去了粮食。从古以来，人都有一死；人民如果不信任政府，那么人民对政府必没有贞固的志操、追随的决心！"

民以食为天！足食当然重要。孔子讲仁、恕，怎么还提倡足兵、强调武力？荀子的《议兵》篇对这个问题讲得最好：

"仁者，爱人。义者，循理。然则又何以兵为？"孙卿子曰："非女所知也。彼仁者爱人，爱人，故恶人之害之也。义者循理，循理，故恶人之乱之也。彼兵者，所以禁暴除害也，非争夺也。"[12]

"议兵"并不是提倡暴力，以广土众民、杀伐争战为事，而是禁暴除害。我们深觉：对付暴力只有以力止暴；消弭战争只有以战止战。中国的武字最有意思：止戈会意成“武”，阻止战争、消灭暴力，才是“武”！有人说：我爱和平，所以反对战争；我爱人类，所以不做军人！这是一种似是而非的论调。试想人人逃避战争、拒绝杀生，那么暴力必更嚣张、战争必更频繁，死伤必更惨重。越南战争就是殷鉴：对敌人仁慈，就是对自己残忍！我们要说，军备是国防的长城，足兵当然重要。蚂蚁可以啃噬巨蟒，而蟒只有颤抖！群众是可怕的！搞政治的第一要务，就是立信于民，使人民对政府有信心。

在《史记·商君列传》里，有一个非常有意思的故事：话说秦孝公接受了商鞅的建议，实行变法。这是一种大革新、大变动，为了慎重，虽然一切都准备周全了，但新法一时还没公布。商鞅唯恐百姓不信，会对新法掉以轻心、不当回事，于是在国都南门边，竖了一根三丈木，当众宣布：谁能将其移到北门，奖十金！【秦以一镒为一金；汉以一斤为一金。二十两（另一说为二十四两）为一镒。】百姓觉得事情怪怪的，没人有兴趣。商鞅又宣布了：能移的给五十金！有一个人壮着胆子移了——重赏之下必有勇夫！就给了五十金！——没白拿！唉！以表明政府说话算数，这才下达了新法。结果，商君推行新法得到了很大的成功。

哀公问曰：“何为则民服？”孔子对曰：“举直错诸枉，则民服。举枉错诸直，则民不服。”【举，举用。直，本是正直的意思，这里是指正直的人。错，意同“措”，安置的意思。枉，本是邪

曲的意思，这里指邪曲的人。】（《为政》）

哀公问道："怎么样做人民才会服？"孔子回答说："把正直的人举出来加在邪陋的人的上面，人民就服了。把邪陋的人举起来加在正直的人的上面，人民就不服了。"

子路问政。子曰："先之，劳之。"请益。曰："无倦。"【朱注："苏氏曰：凡民之行，以身先之，则不令而行；凡民之事，以身劳之，则虽勤无怨。""无倦"的"无"音义同"毋"。】（《子路》）

子路问为政的方法。孔子说："你要身先百姓，为民表率。你要为民服务，不避辛劳。"子路请孔子再告诉他一些。孔子说："只要不懈怠就行了。"

子张问政。子曰："居之无倦，行之以忠。"【朱注：居，谓存诸心。无倦，则始终如一。行，谓发于事。以忠，则表里如一。】（《颜渊》）

子张问为政的道理。孔子说："居官不可懈怠，行事必须忠诚。"

子曰："道千乘之国，敬事而信，节用而爱人，使民以时。"[13]（《学而》）

孔子说："治理一个千乘之国，对事要谨慎不苟且，并且对人民有信用；节省用度，并且尽力爱护百姓；用人民出力，要选最合适的时候。"

季康子问："使民敬、忠以劝，如之何？"子曰："临之以庄，则敬；孝慈，则忠；举善而教不能，则劝。"【使民敬忠以劝的"以"，而也。劝，是劝勉的意思。】(《为政》)

季康子问道："怎么样才能使人民诚敬、效忠并且奋勉向上？"孔子说："在上位的人要严肃地面对人民，那么人民就诚敬；在上位的人能够孝亲慈幼，人民就会效忠；在上位的人能够举用好人而教导才质差一点的人，人民就会奋勉向上。"

政治是处理众人的事务，众人的事务多端，所以政治是复杂的。一个搞政治的人自然必须具备多方面的修养，才能应付庞杂的事务。上面我们说：为政首要取信于民。怎么样取信于民？为政自然要用人，在用人上能处理得当，就能取信于民。中国的政治思想家，像孔子、荀子、韩非子都很讲究用人。儒家的政治理想是圣主贤臣，什么样的主算圣主？

子曰："禹，吾无间然矣！菲饮食而致孝乎鬼神；恶衣服而致

美乎黻冕；卑宫室而尽力乎沟洫。禹吾无间然矣！”[14]（《泰伯》）

孔子说：一句话就能使一个国家灭亡，那句话就是：一个做国君的认为，为君的最大乐趣就是：没人敢违背我的话！人主如果利用自己众人之上的地位，随心所欲，那么国家必坏。一句话可以兴邦，如果懂得为君难，那么人主虽位处极尊，若能克制私欲，就可以兴邦安国。【见《子路》篇】禹的了不起之处，就在于他能克己，能节用爱民——平常人要克制自己的私欲都不容易，何况是一位想怎么样就能怎么样的国君！

子谓子产：“有君子之道四焉：其行己也恭，其事上也敬，其养民也惠，其使民也义。”（《公冶长》）

子产是郑国的大夫公孙侨，他是孔子所敬重的人。孔子批评使齐桓公霸于天下的管仲时说：“焉得俭？”“管氏而知礼，孰不知礼。”（《八佾》）其实对管仲，孔子还是略有微词的，但对子产却称誉有加，子产死了，孔子听说后流着泪说：“古之遗爱也。”子产自可当得贤臣。他自己立身谦恭，事君敬谨，养民以惠爱，使民合乎义。他是君、民间的桥梁，上达、下行，居之无倦，行之以忠。

“一人有庆，兆民赖之。”这句话可以充分说明孔子的政治思想。政治是福利万民的事业，不是作威作福的工具。兆民所赖的是：一人有庆！是圣主、是贤臣！所以孔子的政治思想重点在

“人”。好人自然能把事做好，事情做好了，人民自然受惠。孔子再三讲“善人为邦”(《子路》)，就是这种思想的外现。孔子提倡教育，是为了培养“君子”以爱民(《阳货》)；表彰尧舜，是以古圣王为仪范，以达风从响应之效。但是，“人心唯危”，【语见《尚书·大禹谟》。孔传:“危则难安。”】何日见“天下太平”？

① 为政，意同“搞政治”。德，指教化，对刑罚、威力而言。朱注:“共，音‘拱’，亦作‘拱’。北辰，北极，天之枢也。居其所，不动也。为政以德，则无为而天下归之，其象如此。”

② 《泰伯》篇：子曰:“大哉尧之为君也！唯天为大，唯尧则之。荡荡乎，民无能名焉！巍巍乎，其有成功也。焕乎，其有文章！”“唯天为大”上，各本有“巍巍乎”三字，今依《孟子》所引删。朱注:“焕，光明之貌。文章，礼乐法度也。”这里的文章意同“文化”。

③ 孔子用“政”的读音“正”来解释“政”，这种方法叫“声训”。朱注引范氏曰：未有己不正而能正人者。

④ 《颜渊》篇：季康子问政于孔子，曰:“如杀无道以就有道，何如？”孔子对曰:“子为政，焉用杀！子欲善而民善矣。君子之德，风；小人之德，草。草上之风，必偃！”朱注：为政者，民所视效。何以杀为！欲善则民善矣。上，一作“尚”，加也。偃，仆也。

⑤ 囿，是古代皇帝打猎游赏的地方，里面养了牛马林木。

汉时称囿为苑，有上林苑。御，指御用之物，是皇帝所用的东西。露台，是古时候观察天文气象的高台。《诗经·大雅·灵台》，是记载周文王时筑台的情形。霸陵，陵名。（陵是天子冢的名。）本是霸上地（今陕西长安县东，地居霸水之上，故名），汉文帝筑陵葬此，因此称“霸陵”。古代人对茔葬，看得很重。我们看《史记·秦始皇本纪》所载始皇茔墓的情形，始皇葬在骊山。他初就位，就开始穿治骊山，等并合了天下，居然征召了天下七十多万人，挖了好深好深，水都涌出来了，又用铜塞住。那坟里是宫室城楼、百官奇器，应有尽有。为了防盗坟，工匠设计了机关，只要挖坟接近就会有箭弹（tán）射出来。用水银为百川江河大海、上具天下、下具地理。用人鱼膏为烛，那是长明不灭的灯！始皇死后，他的儿子二世说：“先帝后宫，无子的，将来放出宫也不相宜，都叫他们殉葬吧！”死了很多！后来又想设计坟内机关的工匠，什么都清楚，唯恐秘密外泄，就把他们都禁闭其中。坟，《礼记·檀弓》：“古也墓而不坟。”注：“土之高者曰坟。”始皇坟高五十余丈！汉文帝不治坟，可见其俭！

⑥ 朱注：“道，犹引导，谓先之也。政，谓法制禁令也。齐，所以一之也，道之而不从者，有刑以一之也。免而无耻，谓苟免刑罚而无羞愧。盖虽不敢为恶，而为恶之心未尝忘也。礼，谓制度品节也。格，至也。言躬行以率之，则民固有观感而兴起矣。而其浅深厚薄之不一者，又有礼以一之，则民耻于不善而又有以至于善也。一说：格，正也。书曰：格其非心。”案：格训

“正”似较妥。

⑦ 盖，是不定的词，相当于现在的“大概”、“好像”。画衣冠、异章服以为僇。僇，通“辱”。大舜时，人民犯了罪，只是给他穿上特别的衣服，作为象征性的刑罚。肉刑三：墨刑（刺字在脸上）、劓（音 yì，割鼻）、剕（音 fèi，断足）。奸，为奸者，为非作歹的人。咎，过也。安，何也。“其咎安在”，是说“毛病在哪里？”朕，古代皇帝自称。驯，《汉书·刑法志》作“训”。“诗曰”见《大雅·泂酌》。颜师古曰：“言君子有和乐简易之德，则其下尊之如父，亲之如母也。”“道毋由”的“毋”通“无”。息，生也。终身不息，是说一生一世也不会再生，不会恢复。

⑧ 包曰：“阳肤，曾子弟子。士师，典狱之官。”“问于曾子”是“阳肤问于曾子”。马曰：“民之离散，为轻漂犯法，乃上之所为，非民之过。当哀矜之，勿自喜能得其情。”

⑨ 正，马曰：“正百事之名。”盖阙，双声连语，《汉书·儒林传》：“疑者丘盖不言。”不言所不知为“丘盖”；“盖阙”，义同“丘盖”。盖阙如，是阙疑的样子。

⑩ 《先进》篇：“季氏富于周公，而求也为之聚敛而附益之。”子曰：“非吾徒也！小子鸣鼓而攻之可也。”“季氏富于周公”以下十七字当亦是孔子的话，记孔子谈话的人把它放在“子曰”前以为事由。如果这十七字不是孔子的话，而是记《论语》的人的话，就不当称名“求也”而当称字“冉有”才对！郑曰：“小子，门人也。鸣鼓，声其罪以责之。”

⑪ 兵，本义是兵器，引申为指用兵器的人，这里的“兵”指一切军备言。“民信之矣”的“矣”，是衍文（多余的字）。孔子举出为政该注意的事是三样：足食，足兵，民信之。所以子贡说：“于斯三者何先？”如果有这个“矣”字，那么，孔子的话成了：足食，足兵，那么人民就信任了。足食，足兵的结果是“民信之”。然而，孔子所举不过二事，子贡怎么说“于斯三者”？显然这个“矣”字是多的。不过，传世的《论语》在这个地方都有“矣”字，所以我们在经文上也只好保留，译文则不译出。立，似有安定的意义。（参毛子水先生《论语今注今译》）

⑫ 孙卿子，即荀子，荀子名况，字卿。古代典籍里，荀子有作孙字而称之为孙卿的。荀字之所以作孙，有人以为是避汉宣帝（宣帝名询）的讳而为后人所改，也有人以为孙荀二字古音相同，本可通用。女，通“汝”。

⑬ 道，音义同“导”。古代兵车一乘（辆），戎马四匹，甲士三人，步卒七十二人，衣炊樵汲厩养二十五人，所以一辆兵车，就有一百人。千乘之国是指可以出一千辆兵车，有十万兵力的国家。使民以时，以，依也。

⑭ 《孟子·离娄上》：“政不足间也。”赵注训间为非，是“非议”、“批评”的意思。《经传释词》：“然，犹焉。”“吾无间然矣”是“我对他没有什么批评的了！”菲，薄也。黻冕，祭祀时的礼服礼帽。沟洫，田间水道。

第七章

各言其志——较轻松的一面

颜渊、季路侍，子曰:“盍各言尔志。”子路曰:“愿车马、衣裘，与朋友共，敝之而无憾。”颜渊曰:“愿无伐善，无施劳。”子路曰:“愿闻子之志。”子曰:“老者安之，朋友信之，少者怀之。”

——《论语·公冶长》

颜渊、季路侍，子曰："盍各言尔志。"子路曰："愿车马、衣裘，与朋友共，敝之而无憾。"颜渊曰："愿无伐善，无施劳。"子路曰："愿闻子之志。"子曰："老者安之，朋友信之，少者怀之。"① (《公冶长》)

颜渊和子路陪侍在孔子的旁边。孔子说："你们何不各人说说自己的志愿。"子路说："我愿意把我的车、马、衣、裘和朋友共同享用。就是用坏了，我也不怨恨。"颜渊说："我希望能不矜夸自己的好处，不把烦难的事推到别人身上。"子路说："我希望听听老师的意思。"孔子说："我要使老年人觉得安舒，使朋友对我信赖，使少年人对我怀念。"

我们觉得《论语》是中国古代最早，且写作技巧颇成熟的散文作品，其中除了极少数资质不高的弟子的记载外，其他都能以最省简的篇幅作最丰富的记述。以本章来说：开头的简洁叙述，把读者引入一种单纯、祥和的气氛中。空气回荡着沉寂，孔子说话了："盍各言尔志！"子路马上不假思索地回答了，颜渊也说了，子路却要老师也说说看——颜渊就不会这么做，这一问子路的勇气全跃然纸上。

子路所愿是一个义气十足的角色，大有李白《将进酒》中“五花马，千金裘，呼儿将出换美酒”的慷慨。颜渊愿“无伐善”，我们想颜渊之所以德行好，这恐怕是个主要的原因。“满招损，谦受益。”态度谦逊，自然易引起别人的好感，并较有机会得到别人有益的指导。因此无论德行，识见都会渐渐改善，所以说“谦受益”。颜渊愿“无施劳”，就是“已所不欲，勿施于人”的一端。这是恕的行为，仁的表现。

子路、颜渊的志愿，都不是常人能及的。但是，比之孔子，却显得渺小了。因为孔子的愿望是使普天下的人都能“各得其所”，也就是《礼运·大同》所描绘的“老有所终，壮有所用，幼有所长，矜寡孤独废疾者皆有所养”的天下一家、世界大同的太平景象。

子路、曾皙、冉有、公西华侍坐。子曰：“以吾一日长乎尔，毋吾以也。居则曰‘不吾知也’，如或知尔，则何以哉？”[②]子路率尔而对曰：“千乘之国，摄乎大国之间，加之以师旅，因之以饥馑，由也为之，比及三年，可使有勇，且知方也。”夫子哂之。[③]“求，尔何如？”对曰：“方六七十，如五六十，求也为之，比及三年，可使足民。如其礼乐，以俟君子。”[④]“赤，尔何如？”对曰：“非曰‘能之’，愿学焉。宗庙之事，如会同，端章甫，愿为小相焉！”[⑤]“点，尔何如？”鼓瑟希，铿尔，舍瑟而作，对曰：

“异乎三子者之撰。”子曰：“何伤乎？亦各言其志也。”曰：“暮春者，春服既成，冠者五六人，童子六七人，浴乎沂，风乎舞雩，咏而归。”夫子喟然叹曰：“吾与点也！”[6]三子者出，曾皙后。曾皙曰：“夫三子者之言何如？”子曰：“亦各言其志也已矣！”曰：“夫子何哂由也！”曰：“为国以礼，其言不让，是故哂之。”“唯求则非邦也与？”“安见方六七十如五六十而非邦也者？”“唯赤则非邦也与？”“宗庙会同，非诸侯而何？赤也为之小，孰能为之大。”[7]（《先进》）

子路、曾皙、冉有、公西华，陪孔子坐着。孔子说：“你们可能因为我年长一点而不敢说话，不要这样！你们平常老说‘没人知道我’，如果有人知道你们，你们要怎么做？”

子路马上回答说：“一个拥有千辆兵车的国家，夹在大国中间，有强敌压境，又是连年饥荒，如果让我来治理，三年就能使百姓勇敢作战，并且知礼懂法。”孔子笑了笑。

“求，你怎么样？”冉有回答说：“六七十里见方或五六十里见方的国家，让我来治理，三年就能使百姓富足。至于推行礼乐的事情，只有等待有德行的君子了。”

“赤，你怎么样？”公西华回答说：“我不敢说我能做什么；我只是很希望学习。友邦朝聘和诸侯盟会，我希望穿着礼服、戴着礼帽，作一个小小的摈相！”

“点，你怎么样？”曾皙有一声没一声地弹着瑟，[听了孔子问他]，他铿地一声放下瑟，站起来答道："我不像他们三位那么有作为。"孔子说："那又有什么关系呢！这不过是各说各的心愿罢了。"曾皙说："晚春时节，[脱下旧冬衣,] 换上单袷衣，和五六个青年、六七个少年，渡过沂水，在雩坛上放声高歌，然后一路唱着回来。"孔子叹道："我倒欣赏点呀！"

子路、冉有、公西华三个人都出去了，曾皙落在后面。曾皙说："他们三位的话怎么样？"孔子说："这不过是各说各的志向罢了！"曾皙说："老师为什么笑仲由呢？"孔子说："治国应该用礼，他说话的态度不谦让，所以笑他。""那求就不是讲到治国吗？""难道六七十里见方或五六十里见方还不算是一个国家吗？""那赤就不是讲到治国吗？""朝聘和盟会，不是诸侯的事情却是什么？如果赤只能当个'小相'，那谁能当得了'大相'呢！"

这是《论语》里最长、最美的一段文字。因为"夫子何哂由也"句用"夫子"一词，因此清朝的崔述认为这章可疑⑧，崔述的怀疑自有他的道理。但是既有《公冶长》里规模的"言志"，则在孔子生前就不一定没有像本章这种较大规模的座谈会。要说文字经后人修饰、润色，那是难免的。事实上，现在《论语》的本子，可能大部分都是战国时才写定的。既经战国时人的手，则偶然出现弟子当面称孔子为"夫子"的地方，亦不足怪！

场上人物：五；配乐：稀疏的瑟音。镜头缓缓推向孔子，孔子说话了。子路急切地答了。孔子笑了笑。然后冉有、公西华说。“点，尔何如？”背景音乐渐大，镜头对准鼓瑟的曾皙。“铿！”瑟声停了。四周死寂。对话又开始了……熬过了寒冷的冬，大地又恢复了生气；人们抖落了瑟缩，投向大自然的怀抱，春服多么轻快，春风多么温柔，青年、少年，属于春的一群，登上那高高的祈雨坛，拉开嗓门放声高歌，一路唱着回来！难怪孔子欣赏，我们也心向往之了。这段文字，显然经过了刻意的经营：急躁的子路、慢条斯理的曾皙，强烈的性格冲突增加了文字的可读性，制造了特别引人兴味的气氛。曾皙冷眼看众生，而瑟音流露着无奈……

① 《孔子家语》："仲由一字季路。"侍，卑者在尊者之侧叫侍。盍，何不。尔，当“汝”、“你”讲。裘，是皮衣。“衣裘”，各本作“衣轻裘”，轻字是衍文。衣、裘，都是名词。敝，意同坏；之，指车马衣裘。朱注："憾，恨也。伐，夸也。""无伐善，无施劳"，孔曰："不自称己之善，不以劳事置施于人。""老者安之"三句，“之”指“老者”、“朋友”、“少者”。这三句原句该是："安老者，信朋友，怀少者。"这三句话的意思是：使老者安，使朋友信，使少者怀。

② 孔曰："皙，曾参父，名点。"刘疏："上篇或言侍，或言侍侧，此独言侍坐，明四子亦坐也。"孔曰："女无以我长故难对。"如或知尔，“或”义同“有”。

③ “率尔”，皇本作“卒尔”。古多用卒为猝，就是突然、马上的意思。摄，夹也，郑曰：“方，礼法也。”马曰：“哂，笑也。”

④ 刘疏：“方六七十里者，谓国之四竟（境）以正方计之有此数也。”《经传释词七》：“如，犹与也，及也。《论语·先进》曰：‘方六七十，如五六十’，又曰：‘宗庙之事如会同。’‘如’字并与‘与'同义。”

⑤ 胡绍勋《四书拾义》：“宗庙之事，祭祀在其中，独此经不得指祭祀，宜主朝聘而言。”这章的会同，就是春秋时诸侯的盟会。端，玄端，古代的礼服；章甫，古代的礼帽。

⑥ 鼓，动词，弹奏也。孔曰：“铿者投瑟之声。”作，起身。曾点原来坐着，老师有问，所以起身站立回答。《释文》：“撰，郑作‘僎'。读曰诠；诠之言善也。”暮春，义同“晚春”。古礼男子二十加冠，冠者相当我们说的“青年”，童子就是少年。浴是洗身。在北方暮春三月坚冰未解，根本不可能浴。《论衡》释浴沂（沂，水名）为涉（渡水）沂，真是一个聪明的讲法。虽然证据不足，但这个讲法最好、最合理，译文就依据这个说法译出。雩，音 yú，求雨的祭叫雩。这里的“舞雩”指祈雨的祭坛。“吾与点也”朱注：“夫子叹息而深许之。”

⑦ 包曰：“礼贵让，子路言不让，故笑之。”

⑧《洙泗考信录二》：“凡‘夫子’云者，称甲于乙之词也，春秋传皆然，未有称甲于甲而曰‘夫子’者。至孟子时，始称甲

于甲而亦曰‘夫子’，孔子时无是称也。称于孔子之前而亦曰‘夫子’者，盖皆战国时所伪撰，非门弟子所记。”

一、过而不改——是谓过矣

春秋时的晋灵公很没国君的样子：他厚敛民财却用来装饰宫殿廊阁；他从高台上用弓弹打人，看人避弹丸为乐（真不像话！）；宰夫（厨子）煮熊掌不酥烂，就杀了放在草筐里，让女人用车推着经过朝上，让大家看、叫大家怕！赵盾、士会等人见到露在外边的手，问了原委，他们忧虑极了，决心要好好劝劝国君。他们准备轮番上阵，士会先去。国君一看见士会，就知他的来意，立刻说：“我的过失我知道了，我会改的。”这急急先说，并不是认错，只是不让士会开口絮聒，这招使的是：以认过为护过。人家认都认了，还能说吗？士会无奈，明知他不会改，也只好叮咛一番：“人谁无过，过而能改，善莫大焉！”[①]可不是！人谁无过？圣人也会犯错[②]！

子曰：“人之过也，各于其党。观过，斯知仁矣！”[③]（《里仁》）

孔子说：“人的过失，和他的品性有关。我们观察一个人所犯的过失，就知道这个人是不是仁了！”

古时，郑国有一位夫人到市场买了鳖回来，过颍水时，她觉得鳖可能渴了，就放它喝水，就这样丢了她的鳖。[4]如果有人责备她，那就是怪她的心太好了！

秦末，各路英雄并起，司马欣率秦兵战，不胜，降项羽。项羽认为秦军心不稳，恐怕坏事，就在新安城南连夜坑杀了秦降兵二十余万人！[5]缺德呀！居然杀已经投降了的人，而且一口气解决了二十多万人！我们现在常听见长辈叹：今不如古！孔子也有这种感叹：

“古者民有三疾，今也或是之亡也。古之狂也肆，今之狂也荡；古之矜也廉，今之矜也忿戾；古之愚也直，今之愚也诈而已矣。”[6]（《阳货》）

狂、矜、愚自然是人的毛病，但是古代犯这些毛病的人还是有可取之处的：狂人肆志进取，矜持的人廉洁自守，愚钝的人本质朴实。孔子时，有这些毛病的人却一无可取：狂妄的人放荡而没有拘检，矜持的人乖戾多怒，愚钝的人就只有诈伪。真是世风日下，人心不古！

子曰：“过而不改，是谓过矣。”[7]（《卫灵公》）

孔子说："如果犯了过失不改，那就真是过失了！"

子夏曰："小人之过也，必文。"⑧（《子张》）

子夏说："小人犯过失，一定会想法掩饰。"

子贡曰："君子之过也，如日月之食焉：过也，人皆见之；更也，人皆仰之。"⑨（《子张》）

子贡说："君子的过失，就像日蚀、月蚀一样：他有缺陷、过失，大家都看得见；他一改过，大家仍旧仰望他。"

我们觉得：人既然免不了犯错，那么我们从一个人对自己所犯过失的态度，也可以判断一个人的品德。有一种人总是说："我没有错！"还理直气壮的。事实上，这句"我没有错"，就错了！一个人不虚心检讨，率而说自己没错，这种态度就要不得。既没错，当然无所谓改过；要不就多方掩饰——这文过最费事，经常弄得欲盖弥彰。而为了掩饰一个过失，又得犯许多过失，多累呀！文过就没有改过的心，所以小人终为小人。

另有一种人，知道错了，也想痛改前非，但是毅力不够，心有余而力不足，不久，又故态复萌。也许有同学常迟到吧？自己也明知不是个好习惯，老师也责备，而每次都信誓旦旦：我要早起，我不迟到。过没几天，妈妈叫了，好，被窝再躺五分钟！好累！再躺三分钟！再……

孔子夸颜回“不贰过”，这“不贰过”需要相当的自制和毅力才能做到。还有一种人，不会掩饰自己的过失，所以大家都能看见他的过失。不过，“过而改之，是不过也！”【语见《韩诗外传》】既已改过迁善，大家也都能看见。“过而能改，善莫大焉！”这就是君子之所以为君子。

战国时翩翩四公子中，魏公子信陵君是太史公胸中得意人物。太史公写孟尝君、平原君、春申君列传都称某某君，独《信陵君列传》一篇中称“公子”有一百四十次之多，可见太史公对信陵君的尊崇。信陵的礼贤下士固然令人赞赏，但他还有一种常人不容易达到的德行：改过迁善！我们知道，战国时期是七雄割据的时代，到了战国末年，秦的势力占了优势。秦兵围攻赵国，赵国十分危急，向魏国求救兵——赵公子平原君的夫人是公子的姐姐。魏君受了秦的威吓，令已经动身的救兵停下来，以便看事情发展再作进退。

赵国吃不消秦的大军压境，猛派使者到魏求救，公子不得已偷了魏王的兵符，夺了军队救了赵。事后公子就不敢回魏，留在赵国，十年不归。赵王感激公子，对公子礼敬有加，公子也就不免沾沾自喜，以为做得漂亮。

有人对公子说："事情有不可忘的，也有不可不忘的！别人有恩于公子，公子不可忘；公子有恩于人，希望公子忘了！况且偷兵符夺军队救赵，对赵有功，对魏就不能算是忠臣。您竟然自以为是做了一件漂亮的事，我其实真不赞成您这种态度。"公子听了立刻自责，好像羞愧得无地自容似的。

后来，秦用兵伐魏，魏王急了，派人请公子，公子下令：有人敢替魏王使者通报的：死罪。毛公、薛公两位隐者来了，说："公子在赵被看重，而闻名于诸侯，原因是有魏国在。现在秦攻魏，魏国那么危急而公子却不体念。如果秦打下魏都并夷平了先王的宗庙，到那时，公子还有脸活吗？"话还没说完，公子脸色就变了，要人快备车，赶路回国。毛公、薛公说得精辟，公子信陵做得可爱，可是认错要扯下脸皮，谁不爱面子？改过要有毅力，可是"靡不有初，鲜克有终"！所以孔子也不得不叹："算了吧，我还没有见到一个知道自己的过失而能够自责的人！"[10]

① 事见《左传·宣公二年》。

②《述而》篇：陈司败问："昭公知礼乎？"孔子曰："知礼。"孔子退，揖巫马期而进之，曰："吾闻君子不党，君子亦党乎？君取于吴，为同姓，谓之吴孟子。君而知礼，孰不知礼！"巫马期以告。子曰："丘也幸！苟有过，人必知之。"

③ 朱注，"党，类也。程子曰：人之过也，各于其类。君子常失于厚，小人常失于薄；君子过于爱，小人过于忍。"

④ 事见《韩非子·外储说左上》。

⑤ 事见《史记·项羽本纪》。

⑥ 三疾，指狂、矜、愚。“今也或是之亡也”的“亡”，音义同“无”。

⑦ 而，义同“如”。

⑧ 文，是掩饰之意。

⑨《说文》：“更，改也。”皇疏：“日月蚀罢，改暗更明，则天下皆瞻仰。君子之德，亦不以先过为累也。”

⑩《公冶长》篇：子曰：“已矣乎！吾未见能见其过，而内自讼者也！”包曰：“讼，犹责也。”

二、直——邦有道、如矢，邦无道、如矢

“一个人的生存，靠的是正直。如果不正直而能生存着，这可以说是侥幸。”①什么样的行为，算是正直呢？鲁国有个人叫作微生高，别人跟他要一点醋，他不直说自己没有，却向邻居要来给人。这微生高做人是够殷勤的了，可是算不得“直”②。自己没有，为什么不直说！

楚国的叶公告诉孔子：“我们家乡有个叫直躬的，他父亲偷了人家的羊，而他去作证。”孔子说：“我们家乡所说的直和这不同。父亲替儿子隐瞒，儿子也替父亲隐瞒，直就在这其中了。”③《孝

经》上说："父有争子，则身不陷于不义。"父有过，就谏，所以可以免陷于不义。这是事先就防止事情发生，若事情已经发生就得想办法去弥补、收拾。挺身而出，证父之罪，就不合人情。所以孔子带点诙谐的口气，用平常的人情来说明"证父攘羊"不见得就是"直"。

孔子当然不是说攘羊的行为是对的，就因为这行为不好，所以儿子要为父亲隐瞒、遮掩、补过，这是儿子对父亲天生的爱的表现，比如缇萦救父就是一例。父亲若在纯真的爱的感召下，改过迁善，那么"直"就在其中了。《韩诗外传七》："正直者，顺道而行，顺理而言，公平无私，不为安肆志，不为危激行。"

子曰："直哉史鱼！邦有道如矢，邦无道如矢。"④（《卫灵公》）

一个人在任何情况下都顺道而行，顺理而言，坚守自己做人的原则，这就是直。古代齐梁时明山宾家中曾经一度相当穷困，要卖拉车的牛，已经卖了，接了钱，明山宾竟对买主说："这牛曾患漏蹄，治好已经很久了，恐怕以后再犯，不能不相告。"买主一听，立刻把钱要回去，不买了。宁愿牛卖不出去，也要实话实说，这就是直。

当然，耿直也招人烦。东汉范滂因直受谤，身遭"党祸"，三十三岁就被杀。读《后汉书·范滂传》我们真不能不掩卷叹息。

不过正直就像酒，越陈越芳烈，越久越为人所知！古代人乐羊为魏将，攻打中山，乐羊之子在中山，中山君烹了乐羊之子而送来了肉汤。乐羊坐在帐幕下吸啜肉汤，吃完了一杯——这不合情理！魏文侯对堵师赞说："乐羊为我而吃他儿子的肉。"堵师赞说："他连儿子都吃，那谁不吃！"乐羊打下中山回来，文侯封赏他却对他起了疑心。

孟孙打猎得了麑【音 ní，鹿子】，让秦西巴带回去，小鹿的妈妈跟着啼哭，秦西巴不忍就放了小鹿。孟孙回来问："小鹿哪里去了？"秦西巴答道："我不忍，把它还给它妈妈了。"孟孙很生气，把秦西巴赶出去三个月之久。后来又召秦西巴来教他自己的孩子。孟孙的御者很不解，问道："从前你对他很生气，现在又召他为傅，这是什么道理？"孟孙说："他连只小鹿都忍不下心伤害，那他会忍心伤害我的孩子吗？"真是所谓"巧诈不如拙诚"【事见《韩非子·说林上》】！

①《雍也》篇：子曰："人之生也，直；罔之生也，幸而免！"《尔雅·释言》："罔，无也。"之，指直。

②《公冶长》篇：子曰："孰谓微生高直！或乞醯焉，乞诸其邻而与之。"孔曰："微生，姓，名高。鲁人也。"或，有人。朱注："醯，醋也。"焉，于是。于，向也。是，指微生高。或乞醯焉：有人向微生高要醋。

③《子路》篇：叶公语孔子曰："吾党有直躬者，其父攘羊

而子证之。”孔子曰：“吾党之直者异于是。父为子隐，子为父隐，直在其中矣。”躬，人名，这人以直著名，所以叫直躬。“其父攘羊而子证之”，攘，窃也。子，衍文。证的人就是直躬，不是直躬的儿子。(《韩非子·五蠹》：“楚之有直躬，其父窃羊而谒之吏。”可证。)

④ 郑曰：“史鱼，卫大夫，名鳅。君有道、无道，行常如矢，直不曲也。”《方言》：“箭，自关而东谓之矢。”

三、惑——既欲其生、又欲其死

在人生的道路上，我们常会遇到歧途，我们可能误入，也可能及时回头。如果我们能及时回头，则必是因为我们对歧途有所认识。那么什么是“惑”？

子张问崇德、辨惑。子曰：“主忠信，徙义，崇德也。爱之欲其生，恶之欲其死，既欲其生，又欲其死，是惑也。”(《颜渊》)

子张请教增进德行、辨明疑惑的道理。孔子说：“一切行为以忠信为主，知道什么好的道理或事情就马上去学、去做，这就是增进德行的方法。当人喜欢一个人的时候，就希望他活得好；当人厌恶一个人的时候，就希望他死。如果有一个人喜欢一个人，却做对这个人不利的事情，这就是惑！”

樊迟从游于舞雩之下，曰：“敢问崇德、修慝、辨惑？”子曰：“善哉问！先事后得，非崇德与！攻其恶，无攻人之恶，非修慝与！一朝之忿，忘其身以及其亲，非惑与！”（《颜渊》）

樊迟跟孔子游观雩坛，说：“请问怎样增进德行？怎样改正过失？怎样辨明疑惑？”孔子说：“这个问题很好。做事争先、受禄落后，这不就是增进德行的方法吗！严责自己、不责别人，这不就是改正过失的态度吗！因一时之愤，忘了自身而连累了亲长，这不是惑是什么！”

孔子在这两段话里，分别谈到了惑，要想消灭一切愤怒的感情，那几乎是不可能的事。不过我们可以记住：“生气却不要犯罪，不可含怒到日落！”蜜蜂在螫人的时候，连生命也赔了进去！一时的气愤，忘了自身而累及亲长，真是大惑不解了！

我们看有的年轻人，血气方刚、好勇斗狠。出了事，上了法庭，连累父母出庭回话，大名也上了报。几年前，两兄弟结伙抢劫公交车，被判死刑，纵老父老泪横流也挽不回两人生命。可恨又可怜呀！年轻人！我们生活在社会中，我们的行为总会引起反应、影响别人，纵使我们不为自己想也该为别人想。

爬山本是好活动，但是一件雨衣、一塑料袋面包，就三五人上奇莱，也未免大胆得过分了。不出事是幸运；出了事，父母亲长着急，得出动多少人去搜救！我们不能只凭一时高兴，说做就做，我们总得想想。人有个脑袋就是用来想的！

“爱得要命，恨得要死”，是人之常情。可是“既欲其生，又欲其死”的事情也不少。比如父母溺爱子女，事事纵容，这自是为了“欲其生”，结果造成子女功课不好、品行不端、身体不好，这和“欲其死”有什么分别？父母当然希望子女“生”，不会希望他“死”，但因为爱的法子不对，便好像同时有两种心理似的，即所谓“既欲其生，又欲其死”，这自然是惑！这只是较常见的事例。其他，我们做事、读书，虽然目标很大、理想很高，但是方法不对，结果往往和初衷相反，这都是惑。

四、交友——忠告而善道之、不可则止

友谊好比甘甜的泉水，滋润人们的心田。当我们成功、快乐的时候，我们希望朋友分享；而当我们失败、悲伤的时候，我们更希望向朋友倾诉。春秋时鲍叔牙和管仲交情很好，他们曾一同在南阳做买卖，叔牙知道管仲能干却贫穷，分红利总是多给管仲一些。后来齐国襄公无道，鲍叔牙事公子小白，管仲事公子纠，出国避乱；襄公死后，小白先回国，登上君位，即齐桓公。公子纠为鲁国人所杀，管仲被囚。鲍叔牙推荐管仲给桓公，管仲相桓

公，霸诸侯，连孔子都说：“微管仲，吾其被发左衽矣。”[①]我们倒要说：没有鲍叔牙就没有管仲的一番事业，也可能没有齐桓公的霸于天下了。难怪管仲要说：“生我的是父母，知我的是鲍叔牙。”我们到现在还称朋友交情好为“管鲍之交”。真是“典型在夙昔”！古人说：“人生得一知己，死而无憾。”可见友情的可贵。

子夏之门人，问交于子张。子张曰：“子夏云何？”对曰：“子夏曰：‘可者与之，其不可者拒之。’”子张曰：“异乎吾所闻。君子尊贤而容众，嘉善而矜不能。我之大贤与，于人何所不容！我之不贤与，人将拒我，如之何其拒人也？”[②]（《子张》）

子夏的门人向子张问交友的道理。子张说：“子夏怎么说？”答道：“子夏说：‘可以交的就往来，那不能交的就不要往来。’”子张说：“我所听到的却不一样。一个君子应尊敬贤者而包容平常的人，嘉勉好人而哀怜无能的人。我如果是个大贤，对人还有什么不能包容的？我如果是个不贤能的人，人家就会拒绝我，又谈什么拒绝人家呢？”

子曰：“益者三友，损者三友。友直、友谅、友多闻，益矣。友便辟、友善柔、友便佞，损矣。”[③]（《季氏》）

孔子说：“有三种有益的朋友，有三种有害的朋友。和正直的人交朋友、和诚信的人交朋友、和闻见广博的人交朋友，那是有益的。和徒具仪文的人交朋友、和徒善颜色的人交朋友、和花言巧语的人交朋友，那是有害的。”

孔子也说“无友不如己者”，【见《学而》篇。无，毋也。】这和子夏“可者与之，其不可者拒之”似乎都会产生子张所说的“我之大贤与，于人何所不容；我之不贤与，人将拒我，如之何其拒人”的现象。但是交友有友交（深交），有泛交，子夏主张交益友，而不和有损于我们的人交往，而子张所讲的，只是普通的交际。目的不同，对象自然有异。不过，我们倒觉得交朋友必须选择，除非见一次面就不再往来，否则一回生两回熟，泛交成深交，而深交亦由泛交来。所谓“近朱者赤，近墨者黑”，不可不慎。

子贡问友。子曰：“忠告而善道之。不可，则止，毋自辱焉。”（《颜渊》）

子贡问交友的道理。孔子说：“朋友有不对的地方，要尽心地劝他并且好好开导他。如果他不听，也就算了，不要自取其辱。”

子游曰：“事君数，斯辱矣；朋友数，斯疏矣。”④（《里仁》）

子游说：“一个人事君，态度上如果过分急切，就会招来羞辱；一个人交友，如果态度太过急切，就会被疏远。”

要交个朋友不容易，但如果不小心维护，朋友可能会离我们而去。朋友间应该互相关怀、勉励，互为诤友；朋友有不对的地方，我们不能因为怕得罪人而不规劝。话，我们一定要说，因为这才是朋友，而朋友可贵也就在此，但态度上必须讲求“忠告而善道之”，婉言相劝，但“不可则止”，如果对方听不进去也就算了。

中国人讲究“君子之交淡如水”，而公交车后挂的“保持距离，以策安全”也颇有道理。试想朋友间，整天孟不离焦、焦不离孟，必会起摩擦而伤害友情。真正的朋友，并不是整天粘在一起的，而是我们有事时会挺身而出的。朋友之间说说笑话，是难免的，但开玩笑不可开得过火、离谱，而近于狎侮。也许我们觉得好朋友之间说话随便些没关系，但也得有个分寸，如果伤了朋友自尊，友情可能因此而结束。

后人称杜甫为杜工部（杜诗集就叫《杜工部集》），这工部乃是“参谋检校工部员外郎”的简称。杜甫经安禄山造反的变乱，入蜀，投靠节度使严武，工部的职位就是严武给争取的，这以后几年老杜生活安定、心情平静，作了许多好诗。严武待老杜是很好的，可是有次老杜喝醉了，瞪眼说：“严挺之（严武父）乃有此儿。”——“严挺之竟然有这种儿子！”于是严武一直怀恨在心，一天竟要杀杜甫，幸亏属下报告了严武的母亲，才阻止了这事，但二人的情谊却破坏无遗了。严武受不得几句话，固然显得没度量，但杜甫不是自取其咎吗！和朋友交往，不可不慎呀！

① 见《宪问》篇。《小尔雅·广诂》:“微，无也。”被，音义同“披”。衽，衣襟。被发左衽，当是孔子时夷狄的风俗。

② 这章的“可”有“合适”、“合意”的意思。矜，怜也。包曰:“友交当如子夏，泛交当如子张。”

③ 《说文》:“谅，信也。”朱注:“友直，则闻其过。友谅，则进于诚。友多闻，则进于明。便，习熟也。便辟，谓习于威仪而不直。善柔，谓工于媚悦而不谅。便佞，谓习于口语而无闻见之实。三者损益，正相反也。”

④ 集解:“数，谓速数之数。”

五、使乎！使乎！

子问公叔文子于公明贾曰:“信乎？夫子不言，不笑，不取乎？”公明贾对曰:“以告者，过也。夫子时然后言，人不厌其言；乐然后笑，人不厌其笑；义然后取，人不厌其取。”子曰:“其然，岂其然乎？”① (《宪问》)

孔子向公明贾问公叔文子，说："他真的不言、不笑、不取吗？"公明贾回答说："传话的人说错了。他在该说话的时候才说话，所以别人就不讨厌他的话；他真乐了才笑，所以别人就不讨厌他的笑；他该取的时候才取，所以别人就不讨厌他的取。"孔子说："是这样吗？难道真是这样的吗？"

蘧伯玉使人于孔子，孔子与之坐而问焉，曰："夫子何为？"对曰："夫子欲寡其过而未能也。"使者出，子曰："使乎！使乎！"②（《宪问》）

蘧伯玉差了个人到孔子那里，孔子请他坐，并且问他："你们老爷最近做些什么？"使者回答说："我家老爷想减少他的过失，却还没有做到。"使者出去后，孔子说："这只是个使者吗？这只是个使者吗！"

"刘玄德三顾茅庐"是《三国演义》里很精彩的一段。且看："玄德来到庄前，下马亲叩柴门，一童出问。玄德曰：'汉左将军宜城亭侯领豫州牧皇叔刘备特来拜见先生。'童子曰：'我记不得许多名字！'玄德曰：'你只说刘备来访。'童子曰：'先生今早少出。'玄德曰：'何处去了？'童子曰：'踪迹不定，不知何处去了。'玄德曰：'几时归？'童子曰：'归期亦不定，或三五日，或十数日。[说的也是！]'"这小童说话真有一套，对答如流，不亢不卑，真是孔明家童。

孔融十岁的时候，随父亲到洛阳。当时李元礼颇有盛名，想见很不容易。孔融到了李家门口，对看门的说："我是李府君的亲戚。"通报后，见了面。元礼问，"您和我是什么亲？"孔融回答："从前我的先人仲尼和您的先人伯阳，【老子姓李，名耳，字伯阳。孔子曾向他问礼。】有师资之尊，所以我和您是通家之好。"元礼和宾客都啧啧称奇。太中大夫陈炜后到，别人把孔融的话告诉他，炜说："小时了了，【了了，是指聪慧，晓解事理。】大未必佳！"孔融说："想君小时必当了了！"

孔融的孩子也很聪慧。大的六岁，小的五岁。一天父亲午睡，小的在床头偷酒喝。大的说："你怎么不拜？"答道："偷，哪得行礼！"后来孔融被收捕，大家都很怕，当时孔融的孩子大的九岁，小的八岁，正玩着，一点也不怕。孔融对使者说："希望罪止于我本身，两个孩子能保全吗？"小孩子说了："大人见过覆巢之下，还有完卵吗？"不久两个孩子也被收捕。【见《世说新语》】

说话不容易，要说得漂亮更不易，而位卑的人对位尊的人、晚辈对长辈说话，更是不易。语要谦而不可卑，要有筋骨却不可亢；不亢不卑，恰到好处，话真不是容易说的呀！精诚所感，金石为开。只要实话实说，也就是了。否则花言巧语，骗人一时，却不能骗人一辈子呀！

① 孔曰："公叔文子，卫大夫公孙拔。文，谥。"刘疏："公

明贾，疑亦卫人。”大概公明贾在公叔文子手下做事（蘧伯玉的使者称伯玉“夫子”，公明贾也以“夫子”称文子），所以孔子问他。朱注：“文字虽贤，疑未及此。但君子与人为善，不欲正言其非也。故曰其然岂其然乎，盖疑之也。”

② 朱注：“蘧伯玉，卫大夫，名瑗。”孔子再言“使乎”是重美之。

六、短文妙趣

子曰：“孟之反不伐。奔而殿，将入门，策其马，曰：‘非敢后也，马不进也。’”①（《雍也》）

孔子说：“孟之反这个人从不矜夸自己的功劳。有一次军败逃奔，他在最后做殿军，将进入国门的时候，他鞭打着他的马，说：‘并不是我胆大敢留在后面，是这马跑不到前面去。’”

兵败如山倒，逃命皆争先。孟之反殿后却还来这么一招，这一招证明他“不伐”！《史记·淮阴侯列传》记着：韩信攻下齐后，派人请汉王刘邦封他个临时齐王做做。当时刘邦正被围攻，情绪坏极了。使者到了，打开信一看，火了：

骂曰："吾困于此，旦暮望若来佐我。乃欲自立为王！"张良、陈平蹑汉王足，因附耳语曰："汉方不利，宁能禁信之王乎？不如因而立，善遇之，使自为守。不然变生。"汉王亦悟，因复骂曰："大丈夫定诸侯，即为真王耳，何以假为！"乃遣张良往，立信为齐王。②

整个事情的过程不过是"汉王怒、良平谏、乃许之"。如果这么记述，想想还有什么读头？读《史记》每每赞叹刘邦聪明、反应快，不知是太史公用笔入神，才把整个过程呈现得引人入胜。《论语》这章不过二十三字，却活灵活现地把孟之反的形象点了出来。短篇小说是用最经济的文字表现一定的主题，并且突现主角的性格。《论语》"孟之反不伐"章，该是中国文学史上最精简、最早的短篇小说。"文章本天成，妙手偶得之。"真是不错的。

① 孔曰："鲁大夫孟之侧也。"《左传·哀公十一年》："[鲁]师及齐师战于郊。右师奔，齐人从之。孟之侧后入，以为殿。抽矢策其马，曰：马不进也！"伐，是自夸功劳。殿，是军退时断后的军。（现在把得最后一名的称殿军。）

② 旦暮，早晚。若，你。乃，竟。蹑，轻踏、轻踩。因，顺势，张良、陈平轻踩汉王的脚，以引起他的警觉，顺势附耳低语。宁，哪能。遇，待。"何以假为"，韩信表示"愿为假王"，

所以汉王说“何以假为”。“假”，是暂代、临时的意思。“何以假为”是说“大丈夫定诸侯，要做就做真王，做什么假王（临时王）！”

七、子在川上曰——逝者如斯夫，不舍昼夜

孔子在一条河旁边，望着滚滚而去的水流，说：“岁月的消逝也就是这样吧！昼夜不停！”是的，“大江流日夜，客心悲未央。”当我们面对浩瀚的宇宙、潺潺的逝水时，能不想到时光的迁流、岁月的消逝？“古人惜寸阴，念此使人惧。”我们能不想到进德修业、自强不息？

《孟子·离娄》：徐子曰：“仲尼亟称于水曰：‘水哉！水哉！’何取于水也？”孟子曰：“源泉混混，不舍昼夜；盈科而后进，放乎四海：有本者如是。是之取尔！”[①]伟大的自然，肃穆地启示我们：“造化无情不择物，春色亦到深山中。”【欧阳修《乐丰亭小饮》。无情，无私。造化无私，泽被万物。】启示我们：无私。

春夏秋冬，更迭不已；日月运行，永无止息。启示我们：自强不息！看那滚滚流水，没有怠惰、不会止息。我们学习一个新事物，就面临一个挑战，也许弃甲曳兵而走，也许接受挑战，想法突破——就像水盈科而进，成败就此展现。

孔子一生，给后人留下不灭的典型、永恒的教训。真的是“天不生仲尼，万古如长夜”。

① 亟，音 qì，频数也。混混，同“滚滚”。科，坎也。放，至也。

第八章

关于《论语》

一位外国人问我们："你读过《论语》吗？"答案却是："没有。"我们问一位英国的读书人："你读过莎士比亚吗？"答案却是："没有。"这个发问的外国人的反应和我们的想法大概是相同的。中国人也许有不知道老子、庄子、韩非子的，可是不知道孔子的，恐怕不多吧！读书人可能有没读过《老子》、《庄子》、《韩非子》的，可是总读过《论语》吧！孔子是普遍为人所知的人，《论语》是普遍为人所读的书，有关孔子个人，我在这本书的第一部分，根据《论语》的记载有详细的叙述，这里不多加赘述，只把有关《论语》这本书的问题，提出陈述：

一、《论语》在中国经典中的地位

看过《论语》的简洁记叙，再读《孟子》的长篇大论，我们不能不慨叹：百年之间，读书人对写作的心态有如此大的转变！（当然，物质条件的改进，思想界的氛围，也是造成写作形态转变的因素。）《论语》、《孟子》两部书虽有简繁之分，却无妨其为发扬儒家思想的巨著！《论语》只是一些言行的记录，篇幅不多

（白文字数不过12700字），文字质朴，可是《论语》却是中国第一好书，是每一个读书人必读，必详读的书。是什么原因使《论语》在浩瀚的古代典籍中得到独尊的地位？

《论语》是一部言行录——孔子的言行录（也有一部分是弟子的言行）。由于孔子在中国思想史的地位，由于孔子被后人尊崇，这部孔子的言行录，遂从"诸子"中被提升为"经"，而成为后人了解孔子最可靠的原始资料。"高论无穷如锯屑，小诗有味似联珠。"王大娘的裹脚布绝不讨好，短小精悍的精简文字反倒使人喜爱。

《论语》的记载虽然简，但简而有趣、简而有味；那趣味是含蓄的、隽永的、耐人寻思的。《论语》不是一部让人一读就迷死，发狠恨不能一口气咀嚼完，读完也就扔一边，永远不会想要再拾起的"畅销书"，《论语》是经过历史的考验，永远有销路的书。孔子一生提倡仁恕、开科授徒、周行列国，思想是多么伟大，志行是何等崇高，可是透过《论语》的简单记载，孔子的思想、志向，就呈现在后人眼前，我们不能不说：《论语》是中国文学中最早最成功的传记书。

二、《论语》的编写

《论语》是什么人写的？什么人编的？东汉班固在《汉书·艺

文志·六艺略》中有所说明：

> 《论语》者，孔子应答弟子、时人，及弟子相与言，而接闻于夫子之语也。当时弟子各有所记，夫子既卒，门人相与辑而论纂，故谓之《论语》。

由此可知，《论语》是孔子和他的门人或时人的谈话，以及门人彼此的谈话记录。原始的记录出于孔门弟子，不过像“子张书诸绅”的情形恐怕不多。我们想以当时书写工具的不便，不知有多少谈话，没有“当时”记录下来。我们现在读到的谈话，恐怕有许多是经过几次的口耳相传才记录下来的。

《论语》的编集，是在孔子殁后。“曾子有疾，孟敬子问之。”孟敬子是孟武伯的儿子仲孙捷，仲孙捷卒后有谥，以中寿计算，当在孔子殁后四五十年。《论语》里已称孟敬子的谥，自然不是孟敬子生前编定的。

《论语》的记录者和编集者，究竟是孔门哪些弟子却不易确指。《经典释文》引郑玄的意见：《论语》乃仲弓、子夏等所撰定。宋代邢昺注疏以为“仲弓”下脱“子游”二字。《论语·先进》有“文学：子游、子夏”的记载，郑玄、邢昺的说法恐怕是据此所作的臆测。当然《论语》中或有他们三位的记录，他们三位也可能参与编集工作，但如果必说《论语》是他们三位撰定的，就不足信。《论语》里述及弟子都称字，但是：

宪问耻。子曰："邦有道，谷；邦无道，谷，耻也！"（《宪问》）

这个记录很可能出于原宪本人，因为称名不称字，这种记述法和《论语》一般的体例不相符。我们想在孔子生前和殁后，孔门中当必有许多人保存着或多或少的孔子的谈话记录，孔子殁后若干年，大家各出所有，去其重复，而成为"全书"。梁代皇侃《论语义疏》以为"论语者，是孔子殁后七十弟子之门人共所撰录也"。这个说法或许接近事实（《论语》里记载孔子的弟子，通常都称字，如"子贡"、"颜渊"［字上加氏］。只有"有若"、"曾参"称"子"；如"有子"、"曾子"。宋程子以为，《论语》书成于有子、曾子的门人，所以《论语》里独称这两人为子。这似是一种可信的说法）。

我们现在所见到的篇目，当不是编定《论语》的人所起的。这些篇目，都是采用每篇开头的两字或三字而成。（《孟子》、《诗经》的篇目都是这样的。）我们想，第一，可能由于教授《论语》和讽诵《论语》的人为便于称道起见，就用篇首的两字或三字以代表某篇；第二，可能由于写书的人于某篇的简牍已束好，或某篇缣帛已卷好以后，很自然地就用篇首两字或三字以作这篇的标题。

如果说《论语》二十篇每篇的先后次序都有意义，甚至说每篇里各章的先后次序都有意义，我们实在不敢苟同。但是，一部书以“学而”居首，我们就不能不说这或许出于编者的有心了。(《荀子》以《劝学》始，以《尧问》终，大概是模仿《论语》的吧！)

三、《论语》这个名的意义

解释“论语”二字的意义，以《汉书·艺文志》为最早。根据《艺文志》的解释，《论语》是：孔子的“语”，由门人“论”纂成书，所以叫“论语”。这个解释似不能令人满意。《说文》：“论，议也。议，语也。语，论也。”三字连环相训。我们想春秋末年，鲁国可能有同义复词“论语”，意思和现在的“议论”相同。大概孔子平日对弟子或时人的谈话，无论用文字记录或口耳相传的，当时弟子都称为“论语”。到了这些谈话的记录编成为一书的时候，这部书也就叫作《论语》了（毛子水先生说）。

四、《论语》的各种本子

皇侃《论语义疏》引汉代刘向《别录》：

鲁人所学，谓之《鲁论》；齐人所学，谓之《齐论》；孔壁所得，谓之《古论》。

由此可知汉时《论语》有三种本子行世。所谓“孔壁”，是指秦始皇焚书，有心人把古籍隐藏起来，后来这些古籍纷纷出现，比如：“武帝末，鲁共王坏孔子宅，欲以广其宫，而得古文《尚书》及《礼记》、《论语》、《孝经》凡数十篇，皆古字也。”（《汉书·艺文志》）而《鲁论》、《齐论》、《古论》三者的差别是：

《论语》，古二十一篇（出孔子壁中、两《子张》）；齐二十二篇（多《问王》、《知道》）；鲁二十篇，传十九篇。（《汉书·艺文志》）

《齐论》的二十一篇，是把《尧曰》篇次章“子张问于孔子”分出，另为一《子张》篇，所以古论有二《子张》篇，而篇次也和《齐论》、《鲁论》不同。《齐论》二十二篇，而其二十篇中章句颇多于《鲁论》。另外安昌侯张禹，本受《鲁论》，兼讲《齐论》，号为“张侯论”；包咸、周氏有章句。《古论》有孔安国为之训解，后来马融为之训说。汉末，郑玄就《鲁论》篇章，考之《齐论》、《古论》，为之注。另外王肃、周生烈都为义说。魏何晏等集以上所指各家说，而为集解，这就是《论语》流传到现在的本子。皇侃作《义疏》，宋邢昺作《注疏》，朱熹作《集注》，清刘宝楠作《正义》。皇本亡佚很久，后来从日本传回中土。邢本列《十三经注疏》中。朱注合《大学章句》、《中庸章句》、《孟子集注》为《四书集注》，最通行。刘疏综辑众说，考证最详。

五、有关《论语》的疑义

古代的典籍，流传至今，经天灾人祸、改朝换代，以及传抄传刻、讹误舛夺、脱衍错杂，在所难免。清人崔述《洙泗考信录》及《论语余说》对篇章可疑者，多有论辩。康有为《新学伪经考》、《康南海文集·论语注序》，对《论语》伪文，亦有论述。梁启超《古书真伪及其年代》，对《阳货》篇“公山弗扰以费畔，召，子欲往”章及“佛肸召，子欲往”章的真伪，论之颇当，足启后学。

我们读一部书，若其中有不可解的地方，这自然是颇遗憾的事情。不过，对一部已经历经两千多年的古籍，不由我们不以宝爱的心情读它，至于许多不可理解的地方，我们只好暂时摆在一边——朱子说：“某于《论》、《孟》，四十余年理会。”（《朱子语类》第十九卷）但是集注里还是有许多“阙疑”的地方。这种“知之为知之，不知为不知”的态度，是一种对古人、对今人、对后人负责的态度！我们想《五柳先生传》：“好读书不求甚解，每有会意，便欣然忘食！”这“好读书不求甚解”，也当以“不知为不知”的角度去理解。实在，读书时，对无法理解的地方，强作解人，不但显示个人为学态度的诚恳度不够，而且每每也贻误后人。

《论语》虽然经过长时间的流传，不免有失真的地方，但在能够读古书的人看来，它还是我们研究孔子思想、了解孔子生平的第一等材料。书中充满孔子的经验和智慧，这是中华民族最有价值的宝物。

《论语》全书可以用“言简意赅”来描述。以我们今天学生在课堂上做笔记来看：老师旁征博引、引经据典，最后下了一个结论；或因了一句话，引发思绪，大加发挥。学生在笔记上所留下的可能只是那个结论、那一句话，至于那些长篇大论、记笔记的人自可因那个结论或那句话而在心头勾勒，但这个笔记对旁人可就真摸不着头绪了。

孔子时，做书的工具还很缺乏，记的人当然只能把孔子言语中最主要的意思、最重要的几句话记录下来。由于《论语》是语录体，所以不像公文，公告形式的《尚书》那么佶屈聱牙；又由于《论语》词约义丰，所以读后余味无穷，使人受益终身。在中国的古籍中，《论语》是一部老少咸宜的作品：幼童启蒙后可以为记诵的书籍；而年龄渐增，世事经历，《论语》就予人更深的感受，这真是一部历久弥新的中华宝典。

后人重视《论语》，自然是因为《论语》是唯一反映孔子思想的作品，而孔子的思想在中国哲学史上的价值，是不容怀疑的。

我们从《论语》所载孔子的话中，得到许多有关为学、做人、处世、治事的宝贵经验。当然在《论语》中，有的篇章我们不能十分懂得：

子谓公冶长，“可妻也。虽在缧绁之中，非其罪也。”以其子妻之。(《公冶长》)

公冶长是孔子的弟子。妻【音 qì】作动词用，是把女儿嫁给人为妻。缧、绁都是绳索的名称，是用来拘罪人的东西。《礼记·曲礼下》：“子于父母。”注：“言‘子’，通男女。”这章“以其子”的“子”指孔子的女儿。“妻之”的“之”指公冶长。孔子这里只说“公冶长可妻”，并没有说可妻的理由。皇疏引范宁曰：“公冶行正获罪，罪非其罪；孔子以女妻之，将以大明衰世用刑之枉滥，劝将来实守正之人也。”

我们想孔子说公冶长可妻，当另有原因，绝不是因为“罪非其罪”的缘故。“缧绁”两句，是为公冶长辩白的话，可能有人因公冶长获罪而怀疑这个婚配，所以孔子为他辩白。“以其子妻之”一句，是记言的人补记的话，孔子女儿和公冶长的婚礼可能在孔子说“可妻也”以后，也可能在说这话以前。若是“以后”，更可后到几个月或几年，皇疏认为是：“评之既竟，而遂以女嫁之。”这个说法实不足取。至于说公冶长以解鸟语而获罪的故事(见皇疏引)，自然是好事者伪造的，更不足取！

有的篇章，我们根本不懂：

色，斯举矣！翔而后集。曰："山梁雌雉，时哉！时哉！"子路共之，三嗅而作。(《乡党》)

朱注："言鸟见人之颜色不善，则飞去。回翔审视而后下止；人之见几而作，审择所处，亦当如此。然此上下，必有阙文矣。邢氏曰：'梁，桥也。时哉，言雉之饮啄得其时。子路不达，以为时物而共具之。孔子不食，三嗅其气而起。'晁氏曰：'石经嗅作戞；谓雉鸣也。'刘聘君曰：'嗅，当作臭；古阒反，张两翅也。见《尔雅》。'愚按：如后两说，则共字当为拱执之义。然此必有阙文，不可强为之说；姑记所闻以俟知者。"

《吕氏春秋·审己》："故子路掩鸡而复释之。"子路掩鸡复释的故事，在战国时必已流行，所以《吕氏春秋》引以为说。但《论语》这段文字，是根据这个故事而撰的呢？还是这个故事是为解释《论语》这段文字而造的呢？我们现在已很难断定了。这章文字难晓，必不是资质高明的人的手笔；另一方面，这段文字在《乡党》篇末，恐是后人附加进去的，而不是当时随从孔子的人所记的原文。朱注既录邢疏，又存晁、刘二说，而且一再强调"必有阙文"，这些除了使读者多识前哲的义训外，又示以盖阙的识度。朱注的嘉惠后学，此为一端。此外如：《宪问》篇：子曰："作者七人矣。"《微子》篇的"逸民"章、"周有八士"章等：有的记录过于简略，我们无法得其真义；有的篇章形同游戏文字，我们似不必强为之解。凡是这类篇章，我们自以阙疑为妥。

六、我们读《论语》

孔子的思想，其可贵者在于：放诸四海而皆准，传之百代以为宜。孔子的思想，在当时固然为振聋发聩的木铎，就是时至今日，仍然可以作为我们言行的准则。我们读《论语》总有一种感受：言语极简单，道理很平实；其中没有危言惑众，更没有无穷高论。

我们有一种理念：我们想要提高人们生活的质量、改善社会的秩序，教育是最可靠的手段。我们想孔子必也是基于这种认识，而提倡学，并以身作则、有教无类。孔子提倡仁恕，只是提醒人们：只要从最平实、最根本的日常生活做起，就能改善人和人的关系。投一颗石子入池水，只有部分水分子直接受撞击，却波及其他水分子引起骚动，才让我们看见了水面的沦涟。同样的，一个人的行为每每能影响旁人，所以我们要将心比心，想想别人的感受，“己所不欲，勿施于人。”恕道是也。

仁是孔子心目中最高的德行，我们看孔子很少以仁许人，可以知道为仁之不易。为仁的不易并不是仁之为道可望不可即、高不可攀。之所以困难是因为人很难有恒，就算是一件很容易的事，若无恒心也不易做到。事实上孔子从不唱高调，仁虽是人生的最高德行，却只要“克己复礼”就是仁。克己，自然是克制自我、约束自我；复礼，是依礼而行。孔子时礼坏乐崩，“事君尽礼，人以为谄也。”孔子因此提倡礼，以减少违礼越分的事情，使社会循序渐进、合情合理。(《礼记·乐记》：“礼也者，理之不可易者也。”)

政治是管理众人的事，那真是庞杂无端、千头万绪，但是孔子告诉我们：“政者，正也。”多么简单明了！一个搞政治的人，本身正了，天下还会不正吗！如果搞政治的人，其身不正，那怎么正人？中国人讲孝道，总说孝顺，孔子倒没主张人子当一味顺亲，也不以为天下无不是的父母！孔子认为：父母有不对的地方，我们就要婉言劝谏，如果父母不听，我们也要坚持我们的立场，决不轻言放弃。子曰：“事父母，几谏；见志不从，又敬而不违，劳而不怨。”(《里仁》）看来，孔子是相当理性的人——孔子见出愚孝并不是真孝！

当然由于时空的改变，有些言语对我们已经没有意义。比如：子曰：“父在观其志，父没观其行。三年无改于父之道，可谓孝矣！”(《学而》）这是说观察人子孝不孝的方法。但这个人子，是指继承君位（包括诸侯和卿大夫）的人讲的，并不是指普通平民讲的。这种语言已经失去时代意义，我们只好置而不讲。另外，孔子有许多关于祭的语言，因为时过境迁，我们不能十分明白，自以阙疑为好。

“有德者必有言。”像孔子那样的人，一生自然有许多很富智慧的言语，而且由于经常记录孔子言行的人能够把握说话时的气氛、言语的精髓，因此《论语》有许多精彩篇章。比如：或问禘之说。子曰：“不知也。知其说者之于天下也，其如示诸斯乎！”指其掌。（《八佾》）禘是古代一种祭的名，关于这种祭的情形我们不得而知——孔子时也有人不知道！孔子说话时指着自己的手掌，所以“斯”即指孔子的手掌。关于孔子不答禘之问的理由，我们虽不明白，但透过这二十八字的记录，我们好像看见孔子低垂双目，以手指掌的神情。

我们读《史记》，感觉《史记》不但是史书也是文学作品，因为透过太史公的记述，古人都起死回生，宛然犹在。《论语》虽然反映了孔子的言行，但透过这些记录，仿佛我们也列坐讲堂，沐浴春风。这本书的第七部分——各言其志，就是以文学的眼光来抒写的。

程子说：“凡看《论语》，非但欲理会文字，须要识得圣贤气象。”如果我们“未读时是此等人，读了后又只是此等人，便是不曾读。”（程子说）

“哲人日已远，典型在夙昔，风檐展书读，古道照颜色。”（文天祥《正气歌》）让我们彼此互勉。

附录

《论语》原文

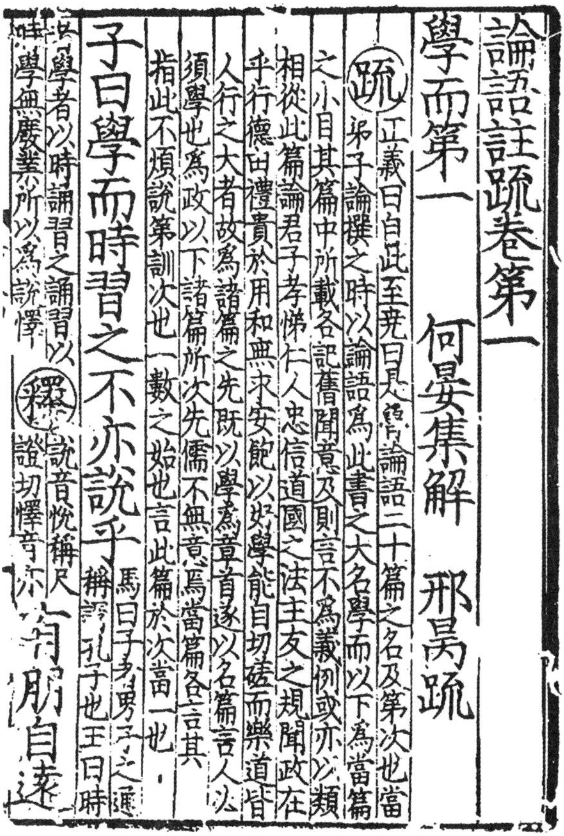
論語註疏卷第一

學而第一　何晏集解　邢昺疏

疏　正義曰自此至堯曰是魯論語二十篇之名及第次也當弟子論撰之時以論語爲此書之大名學而以下爲當篇之小目其篇中所載各記舊聞意及則言不爲義例或亦以類相從此篇論君子孝悌仁人忠信道國之法主友之規聞政在乎行德由禮貴於用和無求安飽以好學能自切磋而樂道皆人行之大者故爲諸篇之先既以學爲章首遂以名篇言人必須學也爲政以下諸篇所次先儒不無意焉當篇各言其指此不煩說第訓次也一數之始也言此篇於次當一也

子曰學而時習之不亦說乎　馬曰子者男子之通稱謂孔子也王曰時者學者以時誦習之誦習以時學無廢業所以爲說懌　釋　說音悅稱尺證切懌音亦

有朋自遠

学而第一

子曰："学而时习之，不亦说乎？有朋自远方来，不亦乐乎？人不知而不愠，不亦君子乎？"

有子曰："其为人也孝弟而好犯上者，鲜矣！不好犯上而好作乱者，未之有也。君子务本，本立而道生。孝弟也者，其为仁之本与！"

子曰："巧言令色，鲜矣仁！"

曾子曰："吾日三省吾身：为人谋而不忠乎？与朋友交而不信乎？传，不习乎？"

子曰："道千乘之国，敬事而信，节用而爱人，使民以时。"

子曰："弟子，入则孝，出则弟，谨而信，泛爱众，而亲仁。行有余力，则以学文。"

子夏曰："贤贤易色，事父母能竭其力，事君能致其身，与朋友交，言而有信。虽曰'未学'，吾必谓之'学矣'！"

子曰："君子不重，则不威；学则不固。主忠信。无友不如己者。过，则勿惮改。"

曾子曰："慎终追远，民德归厚矣！"

子禽问于子贡曰："夫子至于是邦也，必闻其政，求之与？抑与之与？”子贡曰：“夫子温、良、恭、俭、让以得之。夫子之求之也，其诸异乎人之求之与？”

子曰：“父在，观其志；父没，观其行；三年无改于父之道，可谓孝矣。”

有子曰：“礼之用，和为贵。先王之道，斯为美。小大由之，有所不行。知和而和，不以礼节之，亦不可行也。”

有子曰：“信近于义，言可复也。恭近于礼，远耻辱也。因不失其亲，亦可宗也。”

子曰：“君子食无求饱，居无求安，敏于事而慎于言，就有道而正焉，可谓好学也已。”

子贡曰：“贫而无谄，富而无骄，何如？”子曰：“可也；未若贫而乐，富而好礼者也。”子贡曰：“诗云：‘如切如磋，如琢如磨’，其斯之谓与？”子曰：“赐也，始可与言诗已矣，告诸往而知来者。”

子曰：“不患人之不己知，患不知人也。”

为政第二

子曰：“为政以德，譬如北辰，居其所，而众星共之。”

子曰：“诗三百，一言以蔽之，曰：‘思无邪’。”

子曰：“道之以政，齐之以刑，民免而无耻；道之以德，齐之以礼，有耻且格。”

子曰：“吾十有五而志于学，三十而立，四十而不惑，五十而知天命，六十而耳顺，七十而从心所欲，不逾矩。”

孟懿子问孝。子曰：“无违！”樊迟御，子告之曰：“孟孙问孝于我，我对曰‘无违’。”樊迟曰：“何谓也？”子曰：“生，事之以礼；死，葬之以礼，祭之以礼。”

孟武伯问孝。子曰：“父母唯其疾之忧。”

子游问孝。子曰：“今之孝者，是谓能养。至于犬马，皆能有养。不敬，何以别乎？”

子夏问孝。子曰：“色难。有事，弟子服其劳，有酒食，先生馔，曾是以为孝乎？”

子曰：“吾与回言终日，不违，如愚。退而省其私，亦足以发，回也不愚。”

子曰：“视其所以，观其所由，察其所安。人焉廋哉？人焉廋哉？”

子曰：“温故而知新，可以为师矣。”

子曰：“君子不器。”

子贡问君子。子曰：“先行其言，而后从之。”

子曰：“君子周而不比，小人比而不周。”

子曰：“学而不思则罔，思而不学则殆。”

子曰：“攻乎异端，斯害也已。”

子曰：“由，诲女知之乎？知之为知之，不知为不知，是知也。”

子张学干禄。子曰：“多闻阙疑，慎言其余，则寡尤；多见阙殆，慎行其余，则寡悔。言寡尤，行寡悔，禄在其中矣。”

哀公问曰：“何为则民服？”孔子对曰：“举直错诸枉，则民服。举枉错诸直，则民不服。”

季康子问：“使民敬忠以劝，如之何？”子曰：“临之以庄，则敬；孝慈，则忠；举善而教不能，则劝。”

或谓孔子曰：“子奚不为政？”子曰：“书云，‘孝乎唯孝，友于兄弟。’施于有政，是亦为政！奚其为为政？”

子曰：“人而无信，不知其可也。大车无輗，小车无軏，其何以行之哉？”

子张问：“十世可知也？”子曰：“殷因于夏礼，所损益，可知也；周因于殷礼，所损益，可知也。其或继周者，虽百世，可知也。”

子曰：“非其鬼而祭之，谄也。见义不为，无勇也。”

八佾第三

孔子谓季氏八佾舞于庭：“是可忍也，孰不可忍也！”

三家者以雍彻。子曰：“‘相维辟公，天子穆穆。’奚取于三家之堂！”

子曰：“人而不仁如礼何！人而不仁如乐何！”

林放问礼之本。子曰：“大哉问！礼，与其奢也宁俭；丧，与其易也宁戚。”

子曰：“夷狄之有君，不如诸夏之亡也。”

季氏旅于泰山。子谓冉有曰："女弗能救与？"对曰："不能。"子曰："呜呼！曾谓泰山不如林放乎！"

子曰："君子无所争。必也射乎！揖让而升，下而饮。其争也君子。"

子夏问曰："'巧笑倩兮，美目盼兮，素以为绚兮。'何谓也？"子曰："绘事后素。"曰："礼后乎？"子曰："起予者商也！始可与言诗已矣。"

子曰："夏礼，吾能言之，杞不足征也；殷礼，吾能言之，宋不足征也。文献不足故也。足，则吾能征之矣。"

子曰："禘自既灌而往者，吾不欲观之矣。"

或问禘之说。子曰："不知也；知其说者之于天下也，其如示诸斯乎！"指其掌。

祭如在，祭神如神在。子曰："吾不与祭，如不祭。"

王孙贾问曰："与其媚于奥，宁媚于灶，何谓也？"子曰："不然；获罪于天，吾所祷也。"

子曰："周监于二代，郁郁乎文哉！吾从周。"

子入大庙，每事问。或曰："孰谓鄹人之子知礼乎？入大庙，每事问。"子闻之，曰："是礼也。"

子曰："射不主皮，为力不同科，古之道也。"

子贡欲去告朔之饩羊。子曰："赐也！尔爱其羊，我爱其礼。"

子曰："事君尽礼，人以为谄也！"

定公问："君使臣，臣事君，如之何？"孔子对曰："君使臣以礼，臣事君以忠。”

子曰：“关雎，乐而不淫，哀而不伤。”

哀公问社于宰我。宰我对曰：“夏后氏以松，殷人以柏，周人以栗，曰，使民战栗。”子闻之，曰：“成事不说，遂事不谏，既往不咎。”

子曰：“管仲之器小哉。”或曰：“管仲俭乎？”曰：“管氏有三归，官事不摄，焉得俭？”“然则管仲知礼乎？”曰：“邦君树塞门，管氏亦树塞门。邦君为两君之好，有反坫，管氏亦有反坫。管氏而知礼，孰不知礼？”

子语鲁太师乐，曰：“乐其可知也：始作，翕如也；从之，纯如也，皦如也，绎如也，以成。”

仪封人请见。曰：“君子之至于斯也，吾未尝不得见也。”从者见之。出曰：“二三子何患于丧乎？天下之无道也久矣，天将以夫子为木铎。”

子谓韶：“尽美矣，又尽善也。”谓武：“尽美矣，未尽善也。”

子曰：“居上不宽，为礼不敬，临丧不哀，吾何以观之哉？”

里仁第四

子曰：“里，仁为美。择不处仁，焉得知？”

子曰：“不仁者不可以久处约，不可以长处乐。仁者安仁，知者利仁。”

子曰：“唯仁者能好人，能恶人。”

子曰：“苟志于仁矣，无恶也。”

子曰：“富与贵，是人之所欲也；不以其道得之，不处也。贫与贱，是人之所恶也；不以其道得之，不去也。君子去仁，恶乎成名？君子无终食之间违仁，造次必于是，颠沛必于是。”

子曰：“我未见好仁者恶不仁者。好仁者，无以尚之；恶不仁者，其为仁矣，不使不仁者加乎其身。有能一日用其力于仁矣乎？我未见力不足者。盖有之矣，我未之见也。”

子曰：“人之过也，各于其党。观过，斯知仁矣！”

子曰：“朝闻道，夕死可矣。”

子曰：“士志于道，而耻恶衣恶食者，未足与议也。”

子曰：“君子之于天下也，无适也，无莫也，义之于比。”

子曰：“君子怀德，小人怀土；君子怀刑，小人怀惠。”

子曰：“放于利而行，多怨。”

子曰：“能以礼让为国乎，何有？不能以礼让为国，如礼何！”

子曰：“不患无位，患所以立。不患莫己知，求为可知也。”

子曰：“参乎！吾道一以贯之。”曾子曰：“唯。”子出，门人问曰：“何谓也？”曾子曰：“夫子之道，忠恕而已矣！”

子曰：“君子喻于义，小人喻于利。”

子曰：“见贤思齐焉，见不贤而内自省也。”

子曰：“事父母，几谏，见志不从，又敬不违，劳而不怨。”

子曰：“父母在，不远游，游必有方。”

子曰：“三年无改于父之道，可谓孝矣。”

子曰："父母之年，不可不知也。一则以喜，一则以惧。"

子曰："古者言之不出，耻躬之不逮也。"

子曰："以约失之者鲜矣。"

子曰："君子欲讷于言而敏于行。"

子曰："德不孤，必有邻。"

子游曰："事君数，斯辱矣；朋友数，斯疏矣。"

公冶长第五

子谓公冶长，"可妻也。虽在缧绁之中，非其罪也。"以其子妻之。

子谓南容，"邦有道，不废；邦无道，免于刑戮。"以其兄之子妻之。

子谓子贱，"君子哉若人！鲁无君子者，斯焉取斯？"

子贡问曰："赐也何如？"子曰："女，器也。"曰："何器也？"曰："瑚琏也。"

或曰："雍也仁而不佞。"子曰："焉用佞？御人以口给，屡憎于人。不知其仁，焉用佞？"

子使漆雕开仕。对曰："吾斯之未能信。"子说。

子曰："道不行，乘桴浮于海，从我者其由与。"子路闻之喜。子曰："由也好勇过我，无所取材。"

孟武伯问："子路仁乎？"子曰："不知也。"又问。子曰："由也，千乘之国，可使治其赋也，不知其仁也。""求也何如？"

子曰："求也，千室之邑，百乘之家，可使为之宰也，不知其仁也。""赤也何如？"子曰："赤也，束带立于朝，可使与宾客言也，不知其仁也。"

子谓子贡曰："女与回也孰愈？"对曰："赐也何敢望回？回也闻一以知十，赐也闻一知二。"子曰："弗如也；吾与女弗如也。"

宰予昼寝。子曰："朽木不可雕也，粪土之墙不可杇也；于予与何诛？"子曰："始吾于人也，听其言而信其行；今吾于人也，听其言而观其行。于予与改是。"

子曰："吾未见刚者。"或对曰："申枨。"子曰："枨也欲，焉得刚？"

子贡曰："我不欲人之加诸我也，吾亦欲无加诸人。"子曰："赐也，非尔所及也！"

子贡曰："夫子之文章，可得而闻也；夫子之言性与天道，不可得而闻也。"

子路有闻，未之能行，唯恐有闻。

子贡问曰："孔文子何以谓之'文'也？"子曰："敏而好学，不耻下问，是以谓之'文'也。"

子谓子产："有君子之道四焉，其行己也恭，其事上也敬，其养民也惠，其使民也义。"

子曰："晏平仲善与人交，久而敬之。"

子曰："藏文仲居蔡，山节藻棁，何如其知也？"

子张问曰："令尹子文三仕为令尹，无喜色；三已之，无愠色。旧令尹之政，必以告新令尹。何如？”子曰：“忠矣。”曰：“仁矣乎？”曰：“未知，焉得仁？”“崔子弑齐君，陈文子有马十乘，弃而违之。至于他邦，则曰：‘犹吾大夫崔子也。’违之。之一邦，则又曰：‘犹吾大夫崔子也。’违之。何如？”子曰：“清矣。”曰：“仁矣乎？”曰：“未之，焉得仁？”

季文子三思而后行。子闻之曰：“再，斯可矣。”

子曰：“宁武子，邦有道，则知；邦无道，则愚。其知可及也，其愚不可及也。”

子在陈，曰：“归与！归与！吾党之小子狂简，斐然成章，不知所以裁之。”

子曰：“伯夷、叔齐不念旧恶，怨是用希。”

子曰：“孰谓微生高直？或乞醯焉，乞诸其邻而与之。”

子曰：“巧言、令色、足恭，左丘明耻之，丘亦耻之。匿怨而友其人，左丘明耻之，丘亦耻之。”

颜渊、季路侍。子曰：“盍各言尔志。”子路曰：“愿车马、衣裘，与朋友共，敝之而无憾！”颜渊曰：“愿无伐善，无施劳。”子路曰：“愿闻子之志。”子曰：“老者安之，朋友信之，少者怀之。”

子曰：“已矣乎，吾未见能见其过，而内自讼者也。”

子曰：“十室之邑，必有忠信如丘者焉，不如丘之好学也。”

雍也第六

子曰："雍也可使南面。"仲弓问子桑伯子。子曰："可也简。"仲弓曰："居敬而行简，以临其民，不亦可乎？居简而行简，无乃大简乎？"子曰："雍之言然。"

哀公问，"弟子孰为好学？"孔子对曰："有颜回者好学，不迁怒，不贰过。不幸短命死矣！今也则亡未闻好学者也。

子华使于齐，冉子为其母请粟。子曰："与之釜。"请益。曰："与之庾。"冉子与之粟五秉。子曰："赤之适齐也，乘肥马，衣轻裘。吾闻之也：君子周急不继富。"原思为之宰，与之粟九百，辞。子曰："毋！以与尔邻里乡党乎！"

子谓仲弓，曰："犁牛之子骍且角，虽欲勿用，山川其舍诸？"

子曰："回也，其心三月不违仁，其余则日月至焉而已矣！"

季康子问："仲由可使从政也与？"子曰："由也果，于从政乎何有？"曰："赐也可使从政也与？"曰："赐也达，于从政乎何有？"曰："求也可使从政也与？"曰："求也艺，于从政乎何有？"

季氏使闵子骞为费宰。闵子骞曰："善为我辞焉！如有复我者，则吾必在汶上矣。"

伯牛有疾，子问之，自牖执其手，曰："亡之，命矣夫！斯人也而有斯疾也！斯人也而有斯疾也！"

子曰："贤哉回也！一箪食，一瓢饮，在陋巷，人不堪其忧，回也不改其乐。贤哉回也！”

冉求曰：“非不说子之道，力不足也。”子曰：“力不足者，中道而废。今女画。”

子谓子夏曰：“女为君子儒！无为小人儒！”

子游为武城宰。子曰：“女得人焉耳乎？”曰：“有澹台灭明者，行不由径，非公事，未尝至于偃之室也。”

子曰：“孟之反不伐。奔而殿，将入门，策其马，曰：‘非敢后也，马不进也。’”

子曰：“不有祝鮀之佞，而有宋朝之美，难乎免于今之世矣。”

子曰：“谁能出不由户？何莫由斯道也？”

子曰：“质胜文则野，文胜质则史，文质彬彬，然后君子。”

子曰：“人之生也直，罔之生也幸而免。”

子曰：“知之者不如好之者，好之者不如乐之者。”

子曰：“中人以上，可以语上也；中人以下，不可以语上也。”

樊迟问知。子曰：“务民之义，敬鬼神而远之，可谓知矣。”问仁。曰：“仁者先难而后获，可谓仁矣。”

子曰：“知者乐水，仁者乐山。知者动，仁者静。知者乐，仁者寿。”

子曰：“齐一变，至于鲁；鲁一变，至于道。”

子曰：“觚不觚，觚哉！觚哉！”

宰我问曰：“仁者，虽告之曰：‘井有仁焉。’其从之也？”子曰：“何为其然也？君子可逝也，不可陷也；可欺也，不可罔也。”

子曰："君子博学于文，约之以礼，亦可以弗畔矣夫！"

子见南子，子路不说。夫子矢之曰："予所否者，天厌之！天厌之！"

子曰："中庸之为德也，甚至矣乎！民鲜久矣。"

子贡曰："如有博施于民而能济众，何如？可谓仁乎？"子曰："何事于仁！必也圣乎！尧舜其犹病诸！夫仁者，己欲立而立人，己欲达而达人。能近取譬，可谓仁之方也已。"

述而第七

子曰："述而不作，信而好古，窃比于我老彭。"

子曰："默而识之，学而不厌，诲人不倦，何有于我哉！"

子曰："德之不修，学之不讲，闻义不能徙，不善不能改，是吾忧也。"

子之燕居，申申如也，夭夭如也。

子曰："甚矣，吾衰也！久矣，吾不复梦见周公！"

子曰："志于道，据于德，依于仁，游于艺。"

子曰："自行束修以上，吾未尝无诲焉。"

子曰："不愤，不启；不悱，不发。举一隅不以三隅反，则不复也。"

子食于有丧者之侧，未尝饱也。子于是日哭，则不歌。

子谓颜渊曰："用之则行，舍之则藏，唯我与尔有是夫。"子路曰："子行三军，则谁与？"子曰："暴虎冯河，死而无悔者，吾不与也。必也临事而惧，好谋而成者也。”

子曰：“富而可求也，虽执鞭之士，吾亦为之；如不可求，从吾所好。”

子之所慎：齐，战，疾。

子在齐闻韶，三月不知肉味。曰：“不图为乐之至于斯也！”

冉有曰：“夫子为卫君乎？”子贡曰：“诺；吾将问之。”入，曰：“伯夷、叔齐何人也？”曰：“古之贤人也。”曰：“怨乎？”曰：“求仁而得仁，又何怨？出，曰：“夫子不为也。”

子曰：“饭疏食饮水，曲肱而枕之，乐亦在其中矣。不义而富且贵，于我如浮云。”

子曰：“加我数年，五十以学易，可以无大过矣！”

子所雅言，诗、书、执礼，皆雅言也。

叶公问孔子于子路，子路不对。子曰：“女奚不曰：其为人也，发愤忘食，乐以忘忧，不知老之将至云尔！”

子曰：“我非生而知之者，好古，敏以求之者也。”

子不语怪、力、乱、神。

子曰：“三人行，必有我师焉。择其善者而从之，其不善者而改之。”

子曰：“天生德于予，恒魋其如予何？”

子曰：“二三子以我为隐乎？吾无隐乎尔！吾无行而不与二三子者，是丘也。”

子以四教：文，行，忠，信。

子曰："圣人，吾不得而见之矣；得见君子者，斯可矣。"子曰："善人，吾不得而见之矣；得见有恒者，斯可矣。亡而为有，虚而为盈，约而为泰，难乎有恒矣。"

子钓而不纲；弋不射宿。

子曰："盖有不知而作之者，我无是也。多闻、择其善者而从之，多见而识之，知之次也。"

互乡难与言。童子见，门人惑。子曰："与其进也，不与其退也。唯，何甚！人洁己以进，与其洁也，不保其往也。"

子曰："仁远乎哉？我欲仁，斯仁至矣。"

陈司败问昭公知礼乎，孔子曰："知礼。"孔子退，揖巫马期而进之，曰："吾闻君子不党，君子亦党乎？君取于吴，为同姓，谓之吴孟子。君而知礼，孰不知礼？"巫马期以告。子曰："丘也幸，苟有过，人必知之。"

子与人歌而善，必使反之，而后和之。

子曰："文，莫吾犹人也。躬行君子，则吾未之有得。"

子曰："若圣与仁，则吾岂敢。抑为之不厌，诲人不倦，则可谓云尔已矣。"公西华曰："正唯弟子不能学也。"

子疾病，子路请祷。子曰："有诸？"子路对曰："有之；诔曰：'祷尔于上下神祇。'"子曰："丘之祷久矣。"

子曰："奢则不孙，俭则固。与其不孙也，宁固！"

子曰："君子坦荡荡，小人长戚戚。"

子温而厉，威而不猛，恭而安。

泰伯第八

子曰："泰伯，其可谓至德也已矣。三以天下让，民无得而称焉。"

子曰："恭而无礼则劳，慎而无礼则葸，勇而无礼则乱，直而无礼则绞。君子笃于亲，则民兴于仁。故旧不遗，则民不偷。"

曾子有疾，召门弟子曰："启予足！启予手！诗云，'战战兢兢，如临深渊，如履薄冰。'而今而后，吾知免夫！小子！"

曾子有疾，孟敬子问之。曾子言曰："鸟之将死，其鸣也哀；人之将死，其言也善。君子所贵乎道者三：动容貌，斯远暴慢矣；正颜色，斯近信矣；出辞气，斯远鄙倍矣。笾豆之事，则有司存。"

曾子曰："以能问于不能，以多问于寡；有若无，实若虚；犯而不校——昔者吾友尝从事于斯矣。"

曾子曰："可以托六尺之孤，可以寄百里之命，临大节而不可夺也——君子人与？君子人也。"

曾子曰："士，不可以不弘毅，任重而道远。仁以为己任，不亦重乎？死而后已，不亦远乎？"

子曰："兴于诗，立于礼，成于乐。"

子曰："民可使由之，不可使知之。"

子曰："好勇疾贫，乱也。人而不仁，疾之已甚，乱也。"

子曰："如有周公之才之美，使骄且吝，其余不足观也已。"

子曰："三年学，不至于谷，不易得也。"

子曰："笃信好学，守死善道。危邦不入，乱邦不居。天下有道则见，无道则隐。邦有道，贫且贱焉，耻也；邦无道，富且贵焉，耻也。"

子曰："不在其位，不谋其政。"

子曰："师挚之始，《关雎》之乱，洋洋乎盈耳哉。"

子曰："狂而不直，侗而不愿，悾悾而不信，吾不知之矣。"

子曰："学如不及，犹恐失之！"

子曰："巍巍乎，舜禹之有天下也而不与焉！"

子曰："大哉尧之为君也！巍巍乎！唯天为大，唯尧则之。荡荡乎，民无能名焉。巍巍乎其有成功也，焕乎其有文章！"

舜有臣五人而天下治。武王曰："予有乱臣十人。"孔子曰："才难，不其然乎，唐虞之际，于斯为盛，有妇人焉，九人而已。三分天下有其二，以服事殷，周之德，其可谓至德也已矣。"

子曰："禹吾无间然矣，菲饮食，而致孝乎鬼神，恶衣服而致美乎黻冕，卑宫室而尽力乎沟洫。禹，吾无间然矣。"

子罕第九

子罕言利与命与仁。

达巷党人曰："大哉孔子，博学而无所成名。"子闻之，谓门弟子曰："吾何执？执御乎？执射乎？吾执御矣。"

子曰："麻冕，礼也；今也纯，俭；吾从众！拜下，礼也；今拜乎上，泰也；虽违众，吾从下！”

子绝四：毋意，毋必，毋固，毋我。

子畏于匡，曰：“文王既没，文不在兹乎！天之将丧斯文也，后死者不得与于斯文也！天之未丧斯文也，匡人其如予何！”

太宰问于子贡曰：“夫子圣者与？何其多能也？”子贡曰：“固天纵之将圣，又多能也。”子闻之曰：“太宰知我乎！吾少也贱，故多能鄙事。君子多乎哉？不多也。”牢曰：“子云：‘吾不试，故艺。’”

子曰：“吾有知乎哉？无知也。有鄙夫问于我，空空如也。我叩其两端而竭焉。”

子曰：“凤鸟不至，河不出图；吾已矣夫。”

子见齐衰者，冕衣裳者与瞽者，见之，虽少，必作，过之必趋。

颜渊喟然叹曰：“仰之弥高，钻之弥坚，瞻之在前，忽焉在后。夫子循循然善诱人，博我以文，约我以礼，欲罢不能。既竭吾才，如有所立卓尔，虽欲从之，末由也已！”

子疾病，子路使门人为臣。病间，曰：“久矣哉，由之行诈也！无臣而为有臣。吾谁欺？欺天乎！且予与其死于臣之手也，无宁死于二三子之手乎！且予纵不得大葬，予死于道路乎？”

子贡曰：“有美玉于斯，韫椟而藏诸？求善贾而沽诸？”子曰：“沽之哉！沽之哉！我待贾者也！”

子欲居九夷。或曰：“陋，如之何？”子曰：“君子居之，何陋之有？”

子曰：“吾自卫反鲁，然后乐正，雅颂，各得其所。”

子曰：“出则事公卿，入则事父兄，丧事不敢不勉，不为酒困，何有于我哉？”

子在川上，曰：“逝者如斯夫！不舍昼夜。”

子曰：“吾未见好德如好色者也。”

子曰：“譬如为山，未成一篑，止，吾止也！譬如平地，虽覆一篑，进，吾往也！”

子曰：“语之而不惰者，其回也与！”

子谓颜渊，曰：“惜乎！吾见其进也，未见其止也！”

子曰：“苗而不秀者，有矣夫！秀而不实者，有矣夫！”

子曰：“后生可畏，焉知来者之不如今也？四十、五十而无闻焉，斯亦不足畏也已。”

子曰：“法语之言，能无从乎？改之为贵。巽与之言，能无说乎？绎之为贵。说而不绎，从而不改，吾末如之何也已矣。”

子曰：“主忠信，无友不如己者，过则勿惮改。”

子曰：“三军可夺师也，匹夫不可夺志也。”

子曰：“衣敝缊袍与衣狐貉者立，而不耻者，其由也与。‘不忮不求，何用不臧！’”子路终身诵之。子曰：“是道也，何足以臧。”

子曰：“岁寒，然后知松柏之后凋也。”

子曰：“知者不惑，仁者不忧，勇者不惧。”

子曰：“可与共学，未可与适道；可与适道，未可与立；可与立，未可与权。”

“唐棣之华，偏其反而。岂不尔思？室是远而。”子曰：“未之思也夫！何远之有！”

乡党第十

孔子于乡党，恂恂如也，似不能言者。其在宗庙朝廷，便便言，唯谨尔。

朝，与下大夫言，侃侃如也；与上大夫言，訚訚如也。君在，踧踖如也，与与如也。

君召使摈，色勃如也，足躩如也。揖所与立，左右手，衣前后，襜如也。趋进，翼如也。宾退，必复命曰：“宾不顾矣。”

入公门，鞠躬如也，如不容。立不中门，行不履阈。过位，色勃如也，足躩如也，其言似不足者。摄齐升堂，鞠躬如也，屏气似不息者。出，降一等，逞颜色，怡怡如也。没阶，趋进，翼如也。复其位，踧踖如也。

执圭，鞠躬如也，如不胜。上如揖，下如授。勃如战色，足蹜蹜如有循。享礼，有容色。私觌，愉愉如也。

君子不以绀緅饰，红紫不以为亵服。

当暑，袗絺绤，必表而出之。缁衣，羔裘；素衣，麑裘；黄衣，狐裘。亵裘长，短右袂。必有寝衣，长一身有半。狐貉之厚以居。去丧，无所不佩。非帷裳，必杀之。羔裘玄冠，不以吊。

吉月，必朝服而朝。

齐，必有明衣，布。齐必变食，居必迁坐。

食不厌精，脍不厌细。食饐而餲，鱼馁而肉败，不食。色恶，不食。臭恶，不食。失饪，不食。不时，不食。割不正，不食。不得其酱，不食。肉虽多，不使胜食气。唯酒无量，不及乱。沽酒市脯不食。不撤姜食。不多食。祭于公，不宿肉。祭肉，不出三日。出三日，不食之矣。食不语，寝不言。虽疏食菜羹，瓜祭，必齐如也。

席不正，不坐。

乡人饮酒，杖者出，斯出矣。乡人傩，朝服而立于阼阶。

问人于他邦，再拜而送之。康子馈药，拜而受之。曰："丘未达，不敢尝。"

厩焚。子退朝，曰："伤人乎？"不问马。

君赐食，必正席先尝之。君赐腥，必熟而荐之。君赐生，必畜之。侍食于君，君祭，先饭。疾，君视之，东首，加朝服，拖绅。君命召，不俟驾行矣。

入太庙，每事问。

朋友死，无所归，曰："于我殡。"朋友之馈，虽车马，非祭肉，不拜。

寝不尸，居不容。见齐衰者，虽狎，必变。见冕者与瞽者，虽亵，必以貌。凶服者式之。式负版者。有盛馔，必变色而作。迅雷、风烈，必变。

升车，必正立，执绥。车中，不内顾，不疾言，不亲指。色斯举矣，翔而后集。曰："山梁雌雉，时哉时哉！"子路共之，三嗅而作。

先进第十一

子曰："先进于礼乐，野人也；后进于礼乐，君子也。如用之，则吾从先进。"

子曰："从我于陈、蔡者，皆不及门也。"德行：颜渊，闵子骞，冉伯牛，仲弓。言语：宰我，子贡。政事：冉有，季路。文学：子游，子夏。

子曰："回也非助我者也，于吾言无所不说。"

子曰："孝哉闵子骞！人不间于其父母昆弟之言。"

南容三复白圭，孔子以其兄之子妻之。

季康子问："弟子孰为好学？"孔子对曰："有颜回者好学，不幸短命死矣，今也则亡。"

颜渊死，颜路请子之车以为之椁。子曰："才、不才，亦各言其子也。鲤也死，有棺而无椁。吾不徒行以为之椁；以吾从大夫之后，不可徒行也。"

颜渊死。子曰："噫！天丧予！天丧予！"

颜渊死，子哭之恸。从者曰："子恸矣！"曰："有恸乎？非夫人之为恸而谁为！"

颜渊死，门人欲厚葬之，子曰："不可。"门人厚葬之。子曰：

“回也视予犹父也，予不得视犹子也。非我也，夫二三子也。”

季路问事鬼神。子曰：“未能事人，焉能事鬼？”曰：“敢问死。”曰：“未知生，焉知死？”

闵子侍侧，訚訚如也；子路，行行如也；冉有、子贡，侃侃如也。子乐。“若由也，不得其死然。”

鲁人为长府。闵子骞曰：“仍旧贯，如之何？何必改作？”子曰：“夫人不言，言必有中。”

子曰：“由之瑟奚为于丘之门？”门人不敬子路。子曰：“由也升堂矣！未入于室也！”

子贡问：“师与商也孰贤？”子曰：“师也过，商也不及。”曰：“然则师愈与？”子曰：“过犹不及。”

季氏富于周公，而求也为之聚敛而附益之。子曰：“非吾徒也。小子鸣鼓而攻之，可也。”

柴也愚，参也鲁，师也辟，由也喭。

子曰：“回也其庶乎，屡空。赐不受命，而货殖焉，亿则屡中。”

子张问善人之道。子曰：“不践迹，亦不入于室。”

子曰：“论笃是与，君子者乎？色庄者乎？”

子路问：“闻斯行诸？”子曰：“有父兄在，如之何其闻斯行之！”冉有问：“闻斯行诸？”子曰：“闻斯行之！”公西华曰：“由也问‘闻斯行诸’，子曰‘有父兄在’；求也问‘闻斯行诸’，子曰‘闻斯行之’。赤也惑！敢问。”子曰：“求也退，故进之；由也兼人，故退之。”

子畏于匡，颜渊后。子曰：“吾以女为死矣。”曰：“子在，回何敢死？”

季子然问：“仲由、冉求可谓大臣与？”子曰：“吾以子为异之问，曾由与求之问。所谓大臣者，以道事君，不可则止。今由与求也，可谓具臣矣。”曰：“然则从之者与？”子曰：“弑父与君，亦不从也。”

子路使子羔为费宰。子曰：“贼夫人之子。”子路曰：“有民人焉！有社稷焉，何必读书，然后为学？”

子曰：“是故恶夫佞者。”

子路、曾皙、冉有、公西华侍坐。子曰：“以吾一日长乎尔，毋吾以也。居则曰‘不吾知也’，如或知尔，则何以哉？”子路率尔而对曰：“千乘之国，摄乎大国之间，加之以师旅，因之以饥馑，由也为之，比及三年，可使有勇，且知方也。”夫子哂之。“求，尔何如？”对曰：“方六七十，如五六十，求也为之，比及三年，可使足民。如其礼乐，以俟君子。”“赤，尔何如？”对曰：“非曰‘能之’，愿学焉。宗庙之事如会同，端章甫愿为小相焉！”“点，尔何如？”鼓瑟希，铿尔，舍瑟而作，对曰：“异乎三子者之撰。”子曰：“何伤乎？亦各言其志也。”曰：“暮春者，春服既成，冠者五六人，童子六七人，浴乎沂，风乎舞雩，咏而归。”夫子喟然叹曰：“吾与点也！”三子者出，曾皙后。曾皙曰：“夫三子者之言何如？”子曰：“亦各言其志也已矣！”曰：“夫子何哂由也！”曰：“为国以礼，其言不让，是故哂之。”“唯求则非邦也与？”“安见方六七十如五六十，而非邦也者”。“唯赤则非邦也与？”“宗庙会同，非诸侯而何！赤也为之小，孰能为之大。”

颜渊第十二

颜渊问仁。子曰：“克己复礼为仁。一日克己复礼，天下归仁焉。为仁由己，而由人乎哉？”颜渊曰：“请问其目。”子曰：“非礼勿视，非礼勿听，非礼勿言，非礼勿动。”颜渊曰：“回虽不敏，请事斯语矣！”

仲弓问仁。子曰：“出门如见大宾，使民如承大祭。己所不欲，勿施于人。在邦无怨，在家无怨。”仲弓曰：“雍虽不敏，请事斯语矣。”

司马牛问仁。子曰：“仁者其言也讱。”曰：“其言也讱，斯谓之仁矣乎？”子曰：“为之难，言之得无讱乎！”

司马牛问君子。子曰：“君子不忧不惧。”曰：“不忧不惧，斯谓之君子已乎？”子曰：“内省不疚，夫何忧何惧？”

司马牛忧曰：“人皆有兄弟，我独无。”子夏曰：“商闻之矣：死生有命，富贵在天。君子敬而无失，与人恭而有礼。四海之内，皆兄弟也——君子何患乎无兄弟也？”

子张问明。子曰：“浸润之谮，肤受之愬，不行焉，可谓明也已矣。浸润之谮，肤受之愬，不行焉，可谓远也已矣。”

子贡问政。子曰：“足食，足兵，民信之矣。”子贡曰：“必不得已而去，于斯三者何先？”曰：“去兵。”子贡曰：“必不得已而去，于斯二者何先？”曰：“去食。自古皆有死，民无信不立！”

棘子成曰：“君子质而已矣。何以文为！”子贡曰：“惜乎！夫子之说君子也。驷不及舌！文犹质也，质犹文也。虎豹之鞟，犹犬羊之鞟。”

哀公问于有若曰：“年饥，用不足，如之何？”有若对曰：“盍彻乎！”曰：“二，吾犹不足，如之何其彻也？”对曰：“百姓足，君孰与不足？百姓不足，君孰与足？”

子张问崇德，辨惑。子曰：“主忠信，徙义，崇德也。爱之欲其生，恶之欲其死，既欲其生又欲其死，是惑也。‘诚不以富，亦祇以异。’”

齐景公问政于孔子。孔子对曰：“君君，臣臣，父父，子子。”公曰：“善哉！信如君不君，臣不臣，父不父，子不子，虽有粟，吾得而食诸？”

子曰：“片言可以折狱者，其由也与？”子路无宿诺。

子曰：“听讼，吾犹人也。必也，使无讼乎！”

子张问政。子曰：“居之无倦，行之以忠。”

子曰：“博学于文，约之以礼，亦可以弗畔矣夫！”

子曰：“君子成人之美，不成人之恶。小人反是。”

季康子问政于孔子。孔子对曰：“政者，正也。子帅以正，孰敢不正！”

季康子患盗，问于孔子。孔子对曰：“苟子之不欲，虽赏之不窃。”

季康子问政于孔子曰：“如杀无道，以就有道，何如？”孔子对曰：“子为政，焉用杀？子欲善而民善矣。君子之德风，小人之德草。草上之风，必偃。”

子张问：“士何如斯可谓之达矣？”子曰：“何哉，尔所谓达者？”子张对曰：“在邦必闻，在家必闻。”子曰：“是闻也，非达也。夫达也者，质直而好义，察言而观色，虑以下人。在邦必达，在家必达。夫闻也者，色取仁而行违，居之不疑。在邦必闻，在家必闻。”

樊迟从游于舞雩之下，曰：“敢问崇德、修慝、辨惑？”子曰：“善哉问！先事后得，非崇德与！攻其恶，无攻人之恶，非修慝与！一朝之忿，忘其身以及其亲，非惑与！”

樊迟问仁。子曰：“爱人。”问知。子曰：“知人。”樊迟未达。子曰：“举直错诸枉，能使枉者直。”樊迟退，见子夏曰：“乡也吾见于夫子而问知，子曰：‘举直错诸枉，能使枉者直’，何谓也？”子夏曰：“富哉言乎！舜有天下，选于众，举皋陶，不仁者远矣。汤有天下，选于众，举伊尹，不仁者远矣。”

子贡问友。子曰：“忠告而善道之。不可，则止，毋自辱焉。”

曾子曰：“君子以文会友，以友辅仁。”

子路第十三

子路问政。子曰："先之，劳之。"请益。曰："无倦。"

仲弓为季氏宰，问政。子曰："先有司，赦小过，举贤才。"曰："焉知贤才而举之？"曰："举尔所知；尔所不知，人其舍诸！"

子路曰："卫君待子而为政，子将奚先？"子曰："必也正名乎！"子路曰："有是哉，子之迂也！奚其正？"子曰："野哉由也！君子于其所不知，盖阙如也。名不正，则言不顺；言不顺，则事不成；事不成，则礼乐不兴；礼乐不兴，则刑罚不中；刑罚不中，则民无所措手足。故君子名之必可言也，言之必可行也。君子于其言，无所苟而已矣。"

樊迟请学稼。子曰："吾不如老农。"请学为圃。曰："吾不如老圃。"樊迟出，子曰："小人哉，樊须也！上好礼，则民莫敢不敬；上好义，则民莫敢不服；上好信，则民莫敢不用情。夫如是，则四方之民襁负其子而至矣，焉用稼？"

子曰："诵诗三百，授之以政，不达；使于四方，不能专对；虽多，亦奚以为！"

子曰："其身正，不令而行；其身不正，虽令不从。"

子曰："鲁卫之政，兄弟也。"

子谓卫公子荆，"善居屋。始有，曰：'苟合矣。'少有，曰：'苟完矣。'富有，曰：'苟美矣。'"

子适卫，冉有仆。子曰：“庶矣哉！”冉有曰：“既庶矣，又何加焉？”曰：“富之！”曰：“既富矣，又何加焉？”曰：“教之！”

子曰：“苟有用我者，期月而已可也，三年有成。”

子曰：“‘善人为邦百年，亦可以胜残去杀矣。’诚哉是言也！”

子曰：“如有王者，必世而后仁。”

子曰：“苟正其身矣，于从政乎何有？不能正其身，如正人何？”

冉子退朝，子曰：“何晏也？”对曰：“有政。”子曰：“其事也！如有政，虽不吾以，吾其与闻之！”

定公问：“一言而可以兴邦，有诸？”孔子对曰：“言不可以若是其几也！人之言曰：‘为君难，为臣不易。’如知为君之难也，不几乎一言而兴邦乎？”曰：“一言而丧邦，有诸？”孔子对曰：“言不可以若是其几也！人之言曰：‘予无乐乎为君，唯其言而莫予违也。’如其善而莫之违也，不亦善乎？如不善而莫之违也，不几乎一言而丧邦乎？”

叶公问政。子曰：“近者说，远者来。”

子夏为莒父宰，问政。子曰：“无欲速，无见小利。欲速则不达，见小利则大事不成。”

叶公语孔子曰：“吾党有直躬者，其父攘羊，而子证之。”孔子曰：“吾党之直者异于是：父为子隐，子为父隐，直在其中矣。”

樊迟问仁。子曰：“居处恭，执事敬，与人忠。虽之夷狄，不可弃也。”

子贡问曰：“何如斯可谓之士矣？”子曰：“行己有耻，使于四方，不辱君命，可谓士矣。”曰：“敢问其次。”曰：“宗族称孝焉，乡党称弟焉。”曰：“敢问其次。”曰：“言必信，行必果，硁硁然，小人哉！抑亦可以为次矣。”曰：“今之从政者何如？”子曰：“噫！斗筲之人，何足算也？”

子曰：“不得中行而与之，必也狂狷乎！狂者进取，狷者有所不为也。”

子曰：“南人有言曰：‘人而无恒，不可以作巫医。’善夫！”“不恒其德，或承之羞。”子曰：“不占而已矣。”

子曰：“君子和而不同，小人同而不和。”

子贡问曰：“乡人皆好之，何如？”子曰：“未可也。”

“乡人皆恶之，何如？”子曰：“未可也；不如乡人之善者好之，其不善者恶之。”

子曰：“君子易事而难说也。说之不以道，不说也；及其使人也，器之。小人难事而易说也。说之虽不以道，说也；及其使人也，求备焉。”

子曰：“君子泰而不骄，小人骄而不泰。”

子曰：“刚、毅、木、讷近仁。”

子路问曰：“何如斯可谓之士矣？”子曰：“切切偲偲，怡怡如也，可谓士矣。朋友切切偲偲，兄弟怡怡。”

子曰：“善人教民七年，亦可以即戎矣。”

子曰："以不教民战，是谓弃之。"

宪问第十四

宪问耻。子曰："邦有道，谷；邦无道，谷，耻也。"

"克、伐、怨、欲不行焉，可以为仁矣？"子曰："可以为难矣，仁则吾不知也。"

子曰："士而怀居，不足以为士矣！"

子曰："邦有道，危言危行；邦无道，危行言孙。"

子曰："有德者必有言，有言者不必有德。仁者必有勇，勇者不必有仁。"

南宫适问于孔子曰："羿善射，奡荡舟，俱不得其死然。禹稷躬稼而有天下。"夫子不答。南宫适出，子曰："君子哉若人！尚德哉若人！"

子曰："君子而不仁者有矣夫？未有小人而仁者也。"

子曰："爱之，能勿劳乎？忠焉，能勿诲乎？"

子曰："为命，裨谌草创之，世叔讨论之，行人子羽修饰之，东里子产润色之。"

或问子产。子曰："惠人也。"问子西。曰："彼哉！彼哉！"问管仲。曰："人也。夺伯氏骈邑三百，饭疏食，没齿无怨言。"

子曰："贫而无怨难，富而无骄易。"

子曰："孟公绰为赵魏老则优，不可以为滕薛大夫。"

子路问成人。子曰："若臧武仲之知，公绰之不欲，卞庄子之勇，冉求之艺，文之以礼乐，亦可以为成人矣。”曰：“今之成人者，何必然？见利思义，见危授命，久要不忘平生之言，亦可以为成人矣。”

子问公叔文子于公明贾曰：“信乎？夫子不言，不笑，不取乎？”公明贾对曰：“以告者，过也。夫子时然后言，人不厌其言；乐然后笑，人不厌其笑；义然后取，人不厌其取。”子曰：“其然，岂其然乎？”

子曰：“臧武仲以防求为后于鲁，虽曰不要君，吾不信也。”

子曰：“晋文公谲而不正，齐桓公正而不谲。”

子路曰：“桓公杀公子纠，召忽死之，管仲不死。”曰：“未仁乎？”子曰：“桓公九合诸侯，不以兵车，管仲之力也。如其仁，如其仁！”

子贡曰：“管仲非仁者与？桓公杀公子纠，不能死，又相之。”子曰：“管仲相桓公，霸诸侯，一匡天下，民到于今受其赐。微管仲，吾其被发左衽矣。岂若匹夫匹妇之为谅也，自经于沟渎而莫之知也？”

公叔文子之臣大夫僎与文子同升诸公。子闻之，曰：“可以为‘文’矣。”

子言卫灵公之无道也，康子曰：“夫如是，奚而不丧？”孔子曰：“仲叔圉治宾客，祝鮀治宗庙，王孙贾治军旅。夫如是，奚其丧？”

子曰：“其言之不怍，则为之也难！”

陈成子弑简公。孔子沐浴而朝，告于哀公曰："陈恒弑其君，请讨之！"公曰："告夫三子！"孔子曰："以吾从大夫之后，不敢不告也；君曰：告夫三子者！"之三子告，不可。孔子曰："以吾从大夫之后，不敢不告也。"

子路问事君。子曰："勿欺也，而犯之。"

子曰："君子上达，小人下达。"

子曰："古之学者为己，今之学者为人。"

蘧伯玉使人于孔子，孔子与之坐而问焉，曰："夫子何为？"对曰："夫子欲寡其过而未能也。"使者出，子曰："使乎！使乎！"

子曰："不在其位，不谋其政。"

曾子曰："君子思不出其位。"

子曰："君子耻其言而过其行。"

子曰："君子道者三，我无能焉：仁者不忧，知者不惑，勇者不惧。"子贡曰："夫子自道也。"

子贡方人。子曰："赐也贤乎哉？夫我则不暇。"

子曰："不患人之不己知，患其不能也。"

子曰："不逆诈，不亿不信，抑亦先觉者，是贤乎！"

微生亩谓孔子曰："丘，何为是栖栖者与！无乃为佞乎？"孔子曰："非敢为佞也，疾固也！"

子曰："骥不称其力，称其德也。"

或曰："以德报怨，何如？"子曰："何以报德？以直报怨，以德报德。"

子曰：“莫我知也夫！”子贡曰：“何为其莫知子也？”子曰：“不怨天，不尤人，下学而上达，知我者其天乎！”

公伯寮愬子路于季孙。子服景伯以告，曰：“夫子固有惑志于公伯寮，吾力犹能肆诸市朝。”子曰：“道之将行也与，命也；道之将废也与，命也。公伯寮其如命何！“

子曰：“贤者辟世，其次辟地，其次辟色，其次辟言。”子曰：“作者七人矣！”

子路宿于石门。晨门曰：“奚自？”子路曰：“自孔氏。”曰：“是知其不可而为之者与？”

子击磬于卫。有荷蒉而过孔氏之门者，曰：“有心哉！击磬乎！”既而曰：“鄙哉！硁硁乎！莫己知也，斯己而已矣。深则厉，浅则揭。”子曰：“果哉，末之难矣！”

子张曰：“书云，‘高宗谅阴，三年不言。’何谓也？”子曰：“何必高宗？古之人皆然！君薨，百官总己以听于冢宰，三年。”

子曰：“上好礼，则民易使也。”

子路问君子。子曰：“修己以敬。”曰：“如斯而已乎？”曰：“修己以安人。”曰：“如斯而已乎？”曰：“修己以安百姓。修己以安百姓，尧舜其犹病诸？”

原壤夷俟。子曰：“幼而不孙弟，长而无述焉，老而不死，是谓贼。”以杖叩其胫。

阙党童子将命。或问之曰：“益者与？”子曰：“吾见其居于位也，见其与先生并行也。非求益者也，欲速成者也。”

卫灵公第十五

卫灵公问陈于孔子。孔子对曰："俎豆之事，则尝闻之矣；军旅之事，未之学也。"明日遂行。在陈，绝粮，从者病，莫能兴。子路愠，见曰："君子亦有穷乎？"子曰："君子固穷，小人穷，斯滥矣！"

子曰："赐也，女以予为多学而识之者与？"对曰："然，非与？"曰："非也！予一以贯之。"

子曰："由，知德者鲜矣！"

子曰："无为而治者其舜也与？夫何为哉？恭己正南面而已矣。"

子张问行。子曰："言忠信，行笃敬，虽蛮貊之邦，行矣。言不忠信，行不笃敬，虽州里，行乎哉？立则见其参于前也，在舆则见其倚于衡也，夫然后行。"子张书诸绅。

子曰："直哉史鱼！邦有道如矢，邦无道如矢。君子哉蘧伯玉！邦有道，则仕；邦无道，则可卷而怀之。"

子曰："可与言而不与之言，失人；不可与言而与之言，失言。知者不失人，亦不失言。"

子曰："志士仁人，无求生以害仁，有杀身以成仁。"

子贡问为仁。子曰："工欲善其事，必先利其器。居是邦也，事其大夫之贤者，友其士之仁者。"

颜渊问为邦。子曰："行夏之时，乘殷之辂，服周之冕，乐则韶舞。放郑声，远佞人。郑声淫，佞人殆。”

子曰：“人无远虑，必有近忧。”

子曰：“已矣乎！吾未见好德如好色者也。”

子曰：“臧文仲其窃位者与？知柳下惠之贤而不与立也。”

子曰：“躬自厚而薄责于人，则远怨矣。”

子曰：“不曰‘如之何，如之何’者，吾末‘如之何’也已矣！”

子曰：“群居终日，言不及义，好行小慧，难矣哉！”

子曰：“君子义以为质，礼以行之，孙以出之，信以成之。君子哉！”

子曰：“君子病无能焉，不病人之不己知也。”

子曰：“君子疾没世而名不称焉。”

子曰：“君子求诸己，小人求诸人。”

子曰：“君子矜而不争，群而不党。”

子曰：“君子不以言举人，不以人废言。”

子贡问曰：“有一言而可以终身行之者乎？”子曰：“其恕乎！己所不欲，勿施于人。”

子曰：“吾之于人也，谁毁谁誉？如有所誉者，其有所试矣。斯民也，三代之所以直道而行也。”

子曰：“吾犹及史之阙文也。有马者，借人乘之，今亡矣夫！”

子曰：“巧言乱德。小不忍，则乱大谋。”

子曰：“众恶之，必察焉；众好之，必察焉。”

子曰："人能弘道，非道弘人。"

子曰："过而不改，是谓过矣。"

子曰："吾尝终日不食，终夜不寝，以思，无益，不如学也。"

子曰："君子谋道不谋食。耕也，馁在其中矣；学也，禄在其中矣。君子忧道不忧贫。"

子曰："知及之，仁不能守之；虽得之，必失之。知及之，仁能守之。不庄以莅之，则民不敬。知及之，仁能守之，庄以莅之，动之不以礼，未善也。"

子曰："君子不可小知而可大受也，小人不可大受而可小知也。"

子曰："民之于仁也，甚于水火。水火，吾见蹈而死者矣，未见蹈仁而死者也。"

子曰："当仁，不让于师。"

子曰："君子贞而不谅。"

子曰："事君，敬其事而后其食。"

子曰："有教无类。"

子曰："道不同，不相为谋。"

子曰："辞达而已矣。"

师冕见。及阶，子曰："阶也。"及席，子曰："席也。"皆坐，子告之曰："某在斯，某在斯。"师冕出，子张问曰："与师言之，道与？"子曰："然，固相师之道也。"

季氏第十六

季氏将伐颛臾。冉有、季路见于孔子曰："季氏将有事于颛臾。"孔子曰："求！无乃尔是过与？夫颛臾，昔者先王以为东蒙主，且在邦域之中矣，是社稷之臣也。何以伐为？"冉有曰："夫子欲之，吾二臣者皆不欲也。"孔子曰："求！周任有言曰：'陈力就列，不能者止。'危而不持，颠而不扶，则将焉用彼相矣？且尔言过矣，虎兕出于柙，龟玉毁于椟中，是谁之过与？"冉有曰："今夫颛臾，固而近于费。今不取，后世必为子孙忧。"孔子曰："求！君子疾夫舍曰欲之而必为之辞。丘也，闻有国有家者，不患寡而患不均，不患贫而患不安。盖均无贫，和无寡，安无倾。夫如是，故远人不服，则修文德以来之。既来之，则安之。今由与求也，相夫子，远人不服，而不能来也；邦分崩离析，而不能守也；而谋动干戈于邦内。吾恐季孙之忧，不在颛臾，而在萧墙之内也。"

孔子曰："天下有道，则礼乐征伐自天子出；天下无道，则礼乐征伐自诸侯出。自诸侯出，盖十世希不失矣；自大夫出，五世希不失矣；陪臣执国命，三世希不失矣。天下有道，则政不在大夫。天下有道，则庶人不议。"

孔子曰："禄之去公室五世矣，政逮于大夫四世矣，故夫三桓之子孙微矣。"

孔子曰："益者三友，损者三友。友直，友谅，友多闻，益矣。友便辟，友善柔，友便佞，损矣。”

孔子曰：“益者三乐，损者三乐。乐节礼乐，乐道人之善，乐多贤友，益矣。乐骄乐，乐佚游，乐宴乐，损矣。”

孔子曰：“侍于君子有三愆：言未及之而言谓之躁，言及之而不言谓之隐，未见颜色而言谓之瞽。”

孔子曰：“君子有三戒：少之时，血气未定，戒之在色；及其壮也，血气方刚，戒之在斗；及其老也，血气既衰，戒之在得。”

孔子曰：“君子有三畏：畏天命，畏大人，畏圣人之言。小人不知天命而不畏也，狎大人，侮圣人之言。”

孔子曰：“生而知之者，上也；学而知之者，次也；困而学之，又其次也；困而不学，民，斯为下矣！”

孔子曰：“君子有九思：视思明，听思聪，色思温，貌思恭，言思忠，事思敬，疑思问，忿思难，见得思义。”

孔子曰：“见善如不及，见不善如探汤。吾见其人矣，吾闻其语矣。隐居以求其志，行义以达其道。吾闻其语矣，未见其人也。”

“齐景公有马千驷，死之日，民无德而称焉。伯夷、叔齐饿于首阳之下，民到于今称之。其斯之谓与？”

陈亢问于伯鱼曰：“子亦有异闻乎？”对曰：“未也，尝独立；鲤趋而过庭。曰：‘学诗乎？’对曰：‘未也。’‘不学诗，无以言。’鲤退而学诗。他日，又独立；鲤趋而过庭。曰：‘学礼乎？’对曰：‘未也。’‘不学礼，无以立。’鲤退而学礼。闻斯二者。”陈亢退而喜曰："问一得三，闻诗，闻礼，又闻君子之远其子也。"

邦君子之妻，君称之曰夫人，夫人自称曰小童；邦人称之曰君夫人，称诸异邦曰寡小君；异邦人称之亦曰君夫人。

阳货第十七

阳货欲见孔子，孔子不见。归孔子豚。孔子时其亡也而往拜之，遇诸涂。谓孔子曰："来！予与尔言。"曰："怀其宝而迷其邦，可谓仁乎？"曰："不可"。"好从事而亟失时，可谓知乎？"曰："不可"。"日月逝矣，岁不我与！"孔子曰："诺，吾将仕矣！"

子曰："性，相近也；习，相远也。"

子曰："唯上知与下愚，不移。"

子之武城，闻弦歌之声，夫子莞尔而笑曰："割鸡焉用牛刀。"子游对曰："昔者偃也闻诸夫子曰：君子学道则爱人，小人学道则易使也。"子曰："二三子，偃之言是也。前言戏之耳。"

公山弗扰以费畔，召，子欲往。子路不说，曰："末之也已，何必公山氏之之也？"子曰："夫召我者，而岂徒哉？如有用我者，吾其为东周乎？"

子张问仁于孔子。孔子曰："能行五者于天下，为仁矣！""请问之。"曰："恭、宽、信、敏、惠。恭则不侮，宽则得众，仁则人任焉，敏则有功，惠则足以使人。"

佛肸召，子欲往。子路曰："昔者由也闻诸夫子曰：'亲于其身为不善者，君子不入也'。佛肸以中牟畔，子之往也，如之何？”子曰：“然，有是言也。不曰坚乎，磨而不磷；不曰白乎，涅而不缁。吾岂匏瓜也哉？焉能系而不食！”

子曰：“由也，女闻六言六蔽矣乎？”对曰：“未也。”“居，吾语女。好仁不好学，其蔽也愚；好知不好学，其蔽也荡；好信不好学，其蔽也贼；好直不好学，其蔽也绞；好勇不好学，其蔽也乱；好刚不好学，其蔽也狂。”

子曰：“小子，何莫学夫《诗》？《诗》，可以兴，可以观，可以群，可以怨。迩之事父，远之事君，多识于鸟兽草木之名。”

子谓伯鱼曰：“女为《周南》、《召南》矣乎？人而不为《周南》、《召南》，其犹正墙面而立也与！”

子曰：“礼云礼云，玉帛云乎哉！乐云乐云，钟鼓云乎哉！”

子曰：“色厉而内荏，譬诸小人，其犹穿窬之盗也与？”

子曰：“乡愿，德之贼也。”

子曰：“道听而涂说，德之弃也！”

子曰：“鄙夫可与事君也与哉？其未得之也，患得之。既得之，患失之。苟患失之，无所不至矣。”

子曰：“古者民有三疾，今也或是之亡也。古之狂也肆，今之狂也荡；古之矜也廉，今之矜也忿戾；古之愚也直，今之愚也诈而已矣。”

子曰：“巧言令色，鲜矣仁。”

子曰：“恶紫之夺朱也。恶郑声之乱雅乐也，恶利口之覆邦家者。”

子曰："予欲无言。"子贡曰："子如不言，则小子何述焉？"子曰："天何言哉！四时行焉，百物生焉。天何言哉？"

孺悲欲见孔子，孔子辞以疾。将命者出户，取瑟而歌，使之闻之。

宰我问："三年之丧，期已久矣。君子三年为礼，礼必坏；三年不为乐，乐必崩。旧谷既没，新谷既升，钻燧改火，期可已矣。"子曰："食夫稻，衣夫锦，于女安乎？"曰："安。""女安，则为之！夫君子之居丧，食旨不甘，闻乐不乐，居处不安，故不为也。今女安，则为之！"宰我出。子曰："予之不仁也！子生三年，然后免于父母之怀。夫三年之丧，天下之通丧也，予也有三年之爱于其父母乎！"

子曰："饱食终日，无所用心，难矣哉！不有博弈者乎？为之，犹贤乎已。"

子路曰："君子尚勇乎？"子曰："君子义以为上，君子有勇而无义为乱，小人有勇而无义为盗。"

子贡曰："君子亦有恶乎？"子曰："有恶：恶称人之恶者，恶居下流而讪上者，恶勇而无礼者，恶果敢而窒者。"曰："赐也亦有恶乎？""恶徼以为知者，恶不孙以为勇者，恶讦以为直者。"

子曰："唯女子与小人为难养也，近之则不孙，远之则怨。"

子曰："年四十而见恶焉，其终也已。"

微子第十八

微子去之，箕子为之奴，比干谏而死。孔子曰："殷有三仁焉。"

柳下惠为士师，三黜。人曰："子未可以去乎？"曰："直道而事人，焉往而不三黜？枉道而事人，何必去父母之邦？"

齐景公待孔子曰："若季氏，则吾不能；以季、孟之间待之。"曰："吾老矣，不能用也。"孔子行。

齐人归女乐，季桓子受之，三日不朝。孔子行。

楚狂接舆歌而过孔子，曰："凤兮凤兮，何德之衰！往昔不可谏，来者犹可追。已而已而，今之从政者殆而！"孔子下，欲与之言。趋而辟之，不得与之言。

长沮桀溺耦而耕。孔子过之，使子路问津焉。长沮曰："夫执舆者为谁？"子路曰："为孔丘。"曰："是鲁孔丘与？"曰："是也。"曰："是知津矣。"问于桀溺，桀溺曰："子为谁？"曰："为仲由。"曰："是鲁孔丘之徒与？"对曰："然。"曰："滔滔者天下皆是也，而谁以易之！且而与其从辟人之士也，岂若从辟世之士哉！"耰而不辍。子路行，以告。夫子怃然，曰："鸟兽不可与同群，吾非斯人之徒与而谁与！天下有道，丘不与易也。"

子路从而后，遇丈人，以杖荷蓧。子路问曰："子见夫子乎？"丈人曰："四体不勤，五谷不分：孰为夫子！"植其杖而芸。子路拱而立。止子路宿；杀鸡为黍而食之。见其二子焉。明日，子路行以告。子曰："隐者也！"使子路反见之。至，则行矣。子路曰："不仕无义。长幼之节，不可废也；君臣之义，如之何其废之？欲洁其身，而乱大伦。君子之仕也，行其义也。道之不行，已知之矣。"

逸民：伯夷、叔齐、虞仲、夷逸、朱张、柳下惠、少连。子曰："不降其志，不辱其身，伯夷、叔齐与！"谓："柳下惠、少连，降志辱身矣，言中伦，行中虑，其斯而已矣。"谓："虞仲、夷逸，隐居放言，身中清，废中权。我则异于是，无可无不可。"

大师挚适齐，亚饭干适楚，三饭缭适蔡，四饭缺适秦，鼓方叔入于河，播鼗武入于汉，少师阳、击磬襄入于海。

周公谓鲁公曰："君子不施其亲，不使大臣怨乎不以。故旧无大故，则不弃也。无求备于一人！"

周有八士：伯达、伯适、仲突、仲忽、叔夜、叔夏、季随、季騧。

子张第十九

子张曰："士见危致命，见得思义，祭思敬，丧思哀，其可已矣。"

子张曰："执德不弘，信道不笃，焉能为有？焉能为亡？"

子夏之门人，问交于子张。子张曰："子夏云何？"对曰："子夏曰：'可者与之，其不可者拒之。'"子张曰："异乎吾所闻。君子尊贤而容众，嘉善而矜不能。我之大贤与，于人何所不容！我之不贤与，人将拒我，如之何其拒人也？”

子夏曰：“虽小道，必有可观者焉；致远恐泥，是以君子不为也。”

子夏曰：“日知其所亡，月无忘其所能，可谓好学也已矣。”

子夏曰：“博学而笃志，切问而近思，仁在其中矣。”

子夏曰：“百工居肆以成其事，君子学以致其道。”

子夏曰：“小人之过也，必文。”

子夏曰：“君子有三变：望之俨然，即之也温，听其言也厉。”

子夏曰：“君子信而后劳其民；未信，则以为厉己也。信而后谏；未信，则以为谤己也。”

子夏曰：“大德不逾闲，小德出入可也。”

子游曰：“子夏之门人小子，当洒扫应对进退，则可矣，抑末也。本之则无，如之何？”子夏闻之，曰：“噫！言游过矣！君子之道，孰先传焉？孰后倦焉？譬诸草木，区以别矣。君子之道，焉可诬也？有始有卒者，其唯圣人乎！”

子夏曰：“仕而优则学，学而优则仕。”

子游曰：“丧致乎哀而止。”

子游曰：“吾友张也为难能也，然而未仁。”

曾子曰：“堂堂乎张也，难与并为仁矣。”

曾子曰：“吾闻诸夫子：‘人未有自致者也，必也亲丧乎！’”

曾子曰：“吾闻诸夫子：‘孟庄子之孝也，其他可能也；其不改父之臣与父之政，是难能也。’”

孟氏使阳肤为士师，问于曾子。曾子曰："上失其道，民散久矣。如得其情，则哀矜而勿喜。"

子贡曰："纣之不善，不如是之甚也。是以君子恶居下流，天下之恶皆归焉。"

子贡曰："君子之过也，如日月之食焉：过也，人皆见之；更也，人皆仰之。"

卫公孙朝问于子贡曰："仲尼焉学？"子贡曰："文武之道，未坠于地，在人！贤者识其大者，不贤者识其小者，莫不有文武之道焉。夫子焉不学！而亦何常师之有！"

叔孙武叔语大夫于朝曰："子贡贤于仲尼。"子服景伯以告子贡。子贡曰："譬之宫墙，赐之墙也及肩，窥见室家之好；夫子之墙数仞，不得其门而入，不见宗庙之美，百官之富。得其门者或寡矣。夫子之云，不亦宜乎？"

叔孙武叔毁仲尼。子贡曰："无以为也！仲尼，不可毁也。他人之贤者，丘陵也，犹可逾也；仲尼，日月也，无得而逾焉。人虽欲自绝，其何伤于日月乎！多见其不知量也。"

陈子禽谓子贡曰："子为恭也，仲尼岂贤于子乎！"子贡曰："君子一言以为知，一言以为不知：言，不可不慎也。夫子之不可及也，犹天之不可阶而升也。夫子之得邦家者，所谓立之斯立，道之斯行，绥之斯来，动之斯和。其生也荣，其死也哀，如之何其可及也！"